北欧の建築
エレメント & ディテール

文・写真　小泉　隆

Nordic Architecture
Elements and Details

text & photography by Takashi Koizumi

学芸出版社

CONTENTS

Introduction　北欧の建築について　4

Light and Color　8

ストックホルム市庁舎　青の間のハイサイドライト　10
ストックホルム市立図書館　開架閲覧室のロトンダ　14
オーフス市庁舎　多目的ホールのスカイライト　18
アルヴァ・アールトのクリスタル・スカイライト　22
アルヴァ・アールトのリフレクター　26
エンホイ教会　礼拝堂のスカイライト　32
テンペリアウキオ教会　環状スカイライト　36
タウトラ・マリア修道院　木格子のスカイライト　40
北極教会　ずれた三角屋根　44
カレヴァ教会　礼拝堂の鉛直スリット　46
ミレスガーデンギャラリー　円形とV字形のスカイライト　48
ストックホルム大学　大講堂の集光パネル　52
新カールズバーグ美術館　ガラスドーム　54
コンゲンス・ニュートー広場メトロ駅　スカイライト　56
ニューハウン　壁の色彩　58
アルヴァ・アールトの白　60
トーヴァルセン彫刻美術館　色彩による展示演出　62
アロス・オーフス現代美術館　虹色の円環展望台　64
ヴァレンシア弁護士協会　黄色の通過空間　66
アントヴォスコウ教会　銃眼型色ガラス窓　68
マンニスト教会　礼拝堂のカラーアート　70
パイミオのサナトリウム　パイミオカラー　72
ムンケゴー小学校　廊下の色彩　74
テルス保育園　外と内の色光対比　76

Structure and Material　78

ヴィープリの図書館　講義室の波打つ天井　80
バウスヴェア教会　礼拝堂の白い曲面天井　84
聖マーク教会　煉瓦のヴォールト天井　86
ガンメル・ヘレルプ高等学校体育館　曲面天井と外部床　88
シベリウス博物館　展示室の構造体　92
ヘドマルク博物館　廃墟と現代的要素の融合　94
オタニエミ礼拝堂　木製トラス架構　96
聖ヘンリ・エキュメニカル礼拝堂　松の構造材　100
ヴァッリラ図書館　閲覧室の木架構　102
アウレヤルヴィの木造教会　箱形柱と対のつなぎ梁　104
コペンハーゲン中央駅　ホールの木架構　106
イェーテボリ裁判所増築　メインホールの柱　108
モルテンスルッド教会　石積みの内壁　110
クオッカラ教会　木格子の皮膜　112
復活礼拝堂　浅い彫りのある壁と柱型　114
タウトラ・マリア修道院　粘板岩の外壁パネル　118
ムーラッツァロの実験住宅　中庭の煉瓦・タイル壁　120
クロイヤー広場の集合住宅　外壁の凹形煉瓦　122
オスロのオペラハウス　大理石の外部床　124

Window　126

パイミオのサナトリウム　病室の窓　128
アスプルンドの夏の家　居間の窓　130
聖ペーター教会　クリップ止めの窓　132
ナクスタ教会　フィンつきの連窓　134

ヴィープリの図書館　講義室の弓形サッシ　136
ルイジアナ近代美術館　内と外をつなぐギャラリーの窓　138
ボーンホルム美術館　風景を切り取るピクチャーウインドウ　140
コペンハーゲン大学図書館　閲覧スペースの調光パネル　142
オーアスタッド集合住宅　C字形テラス　144
コペンハーゲンの張りだし窓　146
オーフス市庁舎　石とガラスが連続する立面　148
デンマーク国立銀行　石とガラスの対比　150
イェーテボリ裁判所増築　隣接建物との対比と融合　152
フィン・ユール自邸　美しくスケールダウンする立面　154

Moving　156

マイレア邸　居間の階段　158
SASロイヤルホテル　ロビーの螺旋階段　160
オーフス市庁舎　アトリウムの螺旋階段　162
ロドオウア市庁舎　エントランスホールの階段　166
イェーテボリ裁判所増築　メインホールの階段　168
ムンケゴー小学校　中庭への外部階段　170
ルイジアナ近代美術館　北棟2層ギャラリーの階段　172
新カールズバーグ美術館　新展示室棟の段状通路　174
サウナッツァロの村役場　芝生の外部階段　176
アスプルンドの夏の家　外部階段　178
フィン・ユール自邸　2棟をつなぐガーデンルーム　180
ラジオハウス　エントランスの回転ドア　182
デンマーク国立銀行　エントランス　184
ハーランダ教会　木格子の風除室　186

Touching and Warming　190

アルヴァ・アールトの取っ手　192
エリック・グンナール・アスプルンドの取っ手　194
アスプルンドの夏の家　階段脇の丸みのある暖炉　196
マイレア邸　自由曲線で削られた暖炉　198
ムーラッツァロの実験住宅　スモークサウナ　200

Green and Water　202

オーフス大学　蔦が覆うメインホールとパーゴラ　204
VMマウンテン　テラスのプランターボックス　206
モースゴー先史博物館　芝生の大斜面屋根　208
デンマーク国立銀行　緑のデザイン　210
アルヴァ・アールトの緑の扱い　212
セルゲル広場　水中のスカイライト　214
ボーンホルム美術館　ホールを巡る水路　216
アスプルンドとアールトの雨水処理　218
アルヴァ・アールトの水の扱い　220

資料編　225
　　北欧の代表的な建築家　226
　　事例・所在地リスト　230
　　参考文献　236

あとがき　239

Introduction

北欧の建築について
小泉 隆

　エリック・グンナール・アスプルンド、アルヴァ・アールト、アルネ・ヤコブセンらの作品をはじめとして、北欧建築の魅力や豊かさは、シンプルで美しく、機能的で人間に優しい、そして時に微笑ましくもなる遊び心が散りばめられたエレメントやディテールに支えられている。

　本書は、デンマーク、スウェーデン、フィンランド、ノルウェーにおける 20 世紀以降の建築を中心に、光と色彩、構造と材料、窓といったテーマごとに、優れたエレメントとディテールを持つ事例を集め、紹介するものである。事例の選定に際しては、優れた例であることに加え、北欧らしさを感じられることや応用性があることなどにも留意した。また、日本では馴染みの少ない建築や建築家をこの機会に知ってもらいたいという思いから選んだものもある。

　さて、北欧建築の特徴としては、一般的に、地域に根ざし土地の気候風土に適していること、木や煉瓦などの自然素材が多用され柔らかさや温かみがあること、機能的なことなどが挙げられるが、ここではそれらの基盤となっている思想や背景について記したい。その内容は、私が北欧の建築から学び、建築はこうありたいと考える私的な思いも多分に含んだものではあるが、本書で取り上げる事例を理解するための、また北欧建築の魅力を読み解くための参考になればと思う。

人間中心の建築
　北欧の建築から最も強く感じられること、また学ぶべきことは、そこで生活する人間、それを使用する人間を中心に建築が考えられている点である。近代建築の巨匠アールトの言葉、「建築を人間的にする」「建築─その真の姿は、小さな人間が中心に立った所にだけ存在する」は、その思想を象徴するものだ。そのような人間を中心に考える思想は、家具などのより小さなスケールから、地域環境といったより大きなスケールに至るまで浸透している。

　椅子のデザイナーとして世界的にも有名なハンス・ウェグナーは、「椅子は人が座るまで椅子でない」と語っている。そして、「街のアクティビティと都市空間における人間尊重が、都市や市街地の計画で重要な役割を果たす」と語るのは、世界でいち早く歩行者天国をコペンハーゲンにつくり、人間中心の視点でパブリックスペースのつくり方を提唱、実践してきたデンマークの都市計画家ヤン・ゲールだ。

　北欧諸国は、生活の豊かさや幸福度のランキングでは常に上位に挙げられる。豊

かな自然環境といった要因もあるが、労働環境や社会福祉などに関するさまざまな制度が、人間の生活を第一義にしっかりと組み立てられている点も大きいように思う。国民の意識においても、人間の生活を中心に考えることが当たり前になっているのだ。

このような「人間中心主義」とも言うべき考え方は、寒さの厳しいヨーロッパの北のはずれの国々において、皆で協力して社会を良くしていこうという姿勢と並行して自然に生まれてきたと言われる。北欧特有の土壌により培われた思想は、建築にも色濃く反映されている。

共生の思想

豊かな大自然が広がる北欧諸国では、その恩恵を受ける一方で、時に人間の力では到底太刀打ちできない厳しい自然環境を受け入れることを余儀なくされる。そのような環境ゆえに、自然を支配する、あるいは自然と対立するような思想は生まれず、自然と共に生きていこうという「共生の思想」が育まれてきた。

人間関係においても同様に、1人1人の「個」を大切にしながらも、他人の価値観を受け入れ、互いを認め、信頼する「共生」の関係が築かれているように感じる。

ヨーロッパを中心としたキリスト教の文化は、自然に対して支配的、対立的と言われることが多い。だが、ヨーロッパ圏内にあり、またキリスト教文化圏(北欧諸国はプロテスタントが主流)にありながらも、北欧諸国にはそれらとは異なる思想が根づいているのである。

この共生の思想が、大自然の中で対立しない建築のあり方や、内部空間と外部の自然との連続性や親和性、自然素材の活用へとつながり、土地に根ざし、気候風土に適した建築を生みだす基盤になっているのだろう。

そして、自然と共生する思想は、わが国とも共通する考え方である。実際、アールトをはじめとして、数多くの建築家が日本の建築や文化を熱心に研究し、影響を受けていたことは、よく知られている。彼らは、相互に共通する思想や背景を感じとり、それを自身の作品に反映させていったのである。

日常を豊かにするデザイン

1929年にスウェーデン第二の都市イェーテボリで開催された万国博覧会のスローガンは、「日用品をより美しく」であった。ドイツのバウハウスを中心にヨーロッパ中にモダニズムの波が押し寄せるなか、地理的に北のはずれに位置していたがためにその波に飲み込まれていなかった北欧では、モダ

ニズムをそのまま吸収するのではなく、日常生活を美しくすることをコンセプトに掲げたのである。そして、そのコンセプトが、日用品だけでなく、インテリア、建築にまで浸透していくことで、北欧デザインの基盤となるアイデンティティが形成されていったと考えられる。

　北欧の住宅は、戸外で過ごすことが多い夏よりも、暗く寒さの厳しい冬の日常をいかに快適に過ごせるかに重きが置かれ、設計されている。そこでは熱環境を整えることはもちろんだが、乏しい太陽光をいかに多く取り込み、明るく暮らせるかが重視される。冬に建物内で長時間過ごすことが、質の高いインテリアを生みだしたという指摘もある。

　このような日常を豊かにしていくことを重視する姿勢は、良いものを日常的に末長く使おうとする「ロングライフデザイン」の考え方に通じる。そして、建物だけでなく、家具や照明、テキスタイルに至るまで空間を構成するすべての要素をデザインする「トータルデザイン」の志向へとつながっていく。

空間体験の豊かさ

　北欧の建築には、図面や写真だけでは伝わらない、実際に体験することでしかわからない空間の豊かさがある。建築に足を踏み入れた時に感じる居心地のよさは、単に視覚的な美しさのみによるものではない。そこに流れる時間も含め、素材や色彩、形態、刻々と移り変わる光などにより織りなされる空間全体から総合的に感じられるものだ。

　また北欧の建築には、微妙にずれた平面形や部分的な曲線など、図面上ではイレギュラーな箇所を含んでいるものが多い。ところが、いざ空間を体験してみると、そのイレギュラーなデザインが心地よさを生み、空間の質を高める効果をもたらしていることに気づく。他方、図面ではシンプルで一見殺風景な建築であっても、素材や光などの要素が絶妙に組み合わされ、圧倒されるような空間が生みだされることもある。

　北欧の建築では、論理性や視覚性を超えて、その空間にいる人間が総合的に感じる実質的な豊かさが尊重されているのだ。

謙虚さ

　北欧の建築には、周囲の環境に敬意を払いながら謙虚な姿勢で建てられているものが多い。その代表例が、アスプルンドによるイェーテボリ裁判所の増築である。そこでは、隣接する市庁舎へ奉仕する姿勢に満ちたファサードが計画された（p.152参照）。デンマークの建築家S・E・ラスムッ

センが1940年に著した名著『北欧の建築』には、「謙遜こそ誇り」という章が設けられ、イェーテボリ裁判所などを例に、北欧建築の特質の一つとして「謙虚さ」を挙げている。

「建築は建築家の特殊な個性の記念碑であってはならない。建築は日常生活に従属すべきものであり、また、ごくすなおに、いささかの無理もなしに、その環境ととけあっていなくてはならない。謙虚こそ誇りであることが理解されてきた。謙虚な態度がなくては、建築ではとにかく前進できなかったのだから……」

ここには、消費の波に飲み込まれている現代において改めて自問すべき内容が含まれているのではないだろうか。

継承の上に成り立つ建築文化

ここまで、北欧建築の基盤となっている思想や背景について記してきた。これらは、時代や流行を超えて北欧の建築文化の奥底に流れつづけ、現代へと継承されている。

北欧において、20世紀初頭はナショナル・ロマンティシズム、新古典主義、モダニズムと建築スタイルが目まぐるしく変化した時期である。だが、そのような変化の波にさらされたアスプルンドやアールトらの作品を見ると、スタイルを変えつつも、先に示してきた思想や背景は変わらずに大切にされているように感じられる。そして、そのような先人たちの取り組みの上に、時代ごとに新たな要素や建築家の個性が加えられることで、流行に流されないオリジナルな作品が生みだされてきた。北欧建築の研究者である伊藤大介は、北欧のモダニズムを「前代の否定ではなく、前代の継承によって成り立つモダニズム」と指摘する。

最近の北欧の若手建築家の作品には斬新なものが多く、写真を見る限りではその斬新さばかりが目につく。ところが、実際に訪れてみると、そこにはとても人間的で豊かな空間が広がっている。脈々と受け継がれてきた北欧建築の特質が、今も変わらず継承されていることを実感できる。

以上、断片的ではあるが、北欧の建築について思うところを記した。これらを頭の片隅に置きつつ本書を読んでいただければ幸いである。

参考・引用文献
[01] [02] [03] [05] [22] [62] [63] [92]

注
上記 [ ] 中の番号は、参考文献（p.236-238）の文献番号に対応している。また、本書に掲載している図版を作成する際に参考にした文献については、各キャプションに [ ] にて文献番号を記している。その他、現地での簡易実測結果を反映しているものには [M] を、写真や現地での観察をもとに推察して描いたものには [O] を付記している。

Light and Color

北欧の人々の生活や文化は、高緯度の土地特有の光のもとで形成されてきた。日照時間が短く暗い冬と長く明るい夏の繰り返し、高度の低い太陽光、雲間をくぐり抜けて到達する淡い光などが、その特徴である。

　建築にも、それらの影響が色濃く現れている。内部空間をいかに明るくするか、気分を晴れやかにする光をどう取り込むか、その光でどのように建築を美しく見せるかなど、北欧の光をいかにうまく取り扱うかは建築家にとって大きなテーマの一つだろう。

　一方、光とともに色彩も重要な要素だ。北欧の建築に見られる色彩の扱い方には、大きく三つの特徴がある。

　一つは、乏しい太陽光を有効に反射させる白い色を多用すること。北欧建築に見られる白は、暑さを防ぐために用いられる南欧の白とは異なる。二つ目は、木、煉瓦、植物などのナチュラルな色と調和する淡い色彩。そして最後は、人々を憂鬱な気分から解放する鮮やかでカラフルな色彩だ。

Stockholm City Hall
Ragnar Östoberg / 1923 / Stockholm, Sweden

ストックホルム市庁舎　青の間のハイサイドライト

ラグナール・エストベリ / 1923 / ストックホルム、スウェーデン

　旧市街ガムラスタンを望むメーラレン湖畔に建つ、美しい市庁舎建築。この建物の中心的な大広間である青の間は、ノーベル賞の晩餐会会場としても有名だ。約50m×30mの微妙に歪んだ矩形平面。天井高さは約22mで、最上部には高さ約3.6mの磨き板ガラスのハイサイドライト（高窓）が北、西、南の三方向を囲む。ガラスを透過した光が削り仕上げの赤茶けた煉瓦壁に拡散し、ホールにほどよい明るさと柔らかい雰囲気をもたらす。ハイサイドライトに沿って吊り下がるタペストリーは、ホールの儀式性を強調するために設けられたと言われる。

1．夏の早朝、メーラレン湖越しの遠景
2．回廊より青の間を望む
3．断面図［01］
4．ハイサイドライト　見上げ

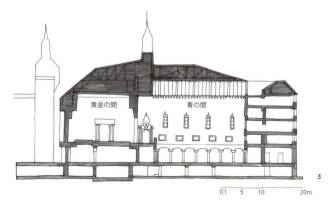

ストックホルム市立図書館　開架閲覧室のロトンダ

エリック・グンナール・アスプルンド / 1928 / ストックホルム、スウェーデン

　ストックホルム市内の小高い場所にそびえ立つ新古典主義様式の図書館。緩やかな外部スロープの先にある大きな扉を抜け、導かれるままに階段を上がると直径約 28m、天井高さ約 25m のシリンダー状のロトンダ（円形の大広間）につながるアプローチは劇的だ。そこは全周を書棚に囲まれた開架閲覧室。凹凸のある白いスタッコで仕上げられた内壁の下部には、人工照明による光が立ち昇る。一方、シリンダー上部にはハイサイドライトが規則的に設けられ、そこから射し込む自然光が閲覧室に明るさをもたらすとともに外部の変化を伝えてくれる。

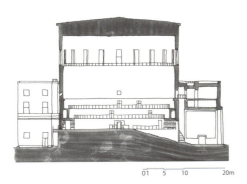

1. 断面図 [23]
2. エントランス　見返し
3. 階段より開架閲覧室を見上げる
4. 開架閲覧室
5. 同　見下ろし

Stockholm City Library
Erik Gunnar Asplund / 1928 / Stockholm, Sweden

オーフス市庁舎　多目的ホールのスカイライト

アルネ・ヤコブセン、エリック・メラー / 1941 / オーフス、デンマーク

　デンマーク第二の都市、オーフスの市庁舎。1937年、アルネ・ヤコブセンが35歳の時に、エリック・メラーとの共同で設計競技を勝ちとった建築である。当初の設計案に対して市民が時計塔をつくることを強く要求し、ヤコブセンは「塔は権威の象徴だ」と拒み続けたが、最終的には追加せざるをえなくなったエピソードは有名だ。

　多目的ホールの西側は大きなガラス面で外部と接続し、上部には三次元曲線からなる櫛形のスカイライト（天窓）が連続する。天井面には白いパネルのテクスチャーと光のグラデーションが浮かび上がり、スカイライトの下部をつなぐタイバー（補強用の棒材）が空間に緊張感を与えている。

1. スカイライト　側方より
2. 多目的ホール　西側のガラス面
3. スカイライト　外観図 [O]
4. 多目的ホール　断面図 [36]
5. 櫛形スカイライトの連なり

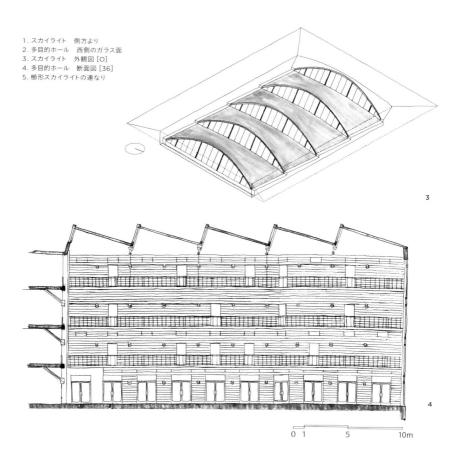

Aarhus City Hall
Arne Jacobsen, Erik Møller / 1941 / Aarhus, Denmark

アルヴァ・アールトの
クリスタル・スカイライト

アカデミア書店 / アルヴァ・アールト / 1969 / ヘルシンキ、フィンランド
国民年金会館本館 / アルヴァ・アールト / 1957 / ヘルシンキ、フィンランド

　ガラスを立体的に組みあわせ、そこに反射し満たされる光で、それ自体を「光の結晶体」のように変容させるクリスタル・スカイライト。上部に輝きをもたらしつつ、室内を光で満たすこの装置をアルヴァ・アールトは好んで用い、発展させていった。
　それが初めて用いられたのは、国民年金会館本館のホールである。ホールから見上げた姿はもちろん、外観も迫力のある山形の二重のスカイライトだ。
　アカデミア書店のクリスタル・スカイライトは、後期の洗練された例と言えよう。立体的にカットされた宝石のようなスカイライトが3基設けられ、吹抜けの売り場には柔らかな自然光が降り注ぐ。

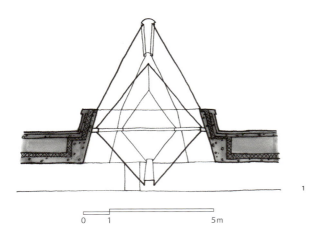

1. アカデミア書店　スカイライト　断面図 [51]
2. 同　吹抜けホールと3連のスカイライト

Academic Bookshop
Alvar Aalto / 1969 / Helsinki, Finland

Social Insurance Institution Main Building
Alvar Aalto / 1957 / Helsinki, Finland

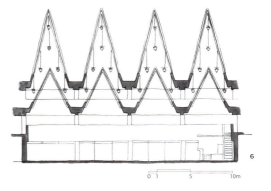

3. 国民年金会館本館　スカイライト　外観
4. 同　スカイライト　見上げ
5. 同　ホール
6. 同　スカイライト　断面図 [55]

アルヴァ・アールトのリフレクター

北ユトランド美術館 / アルヴァ・アールト / 1972 / オールボー、デンマーク
ロヴァニエミ市立図書館 / アルヴァ・アールト / 1968 / ロヴァニエミ、フィンランド
セイナヨキ市立図書館 / アルヴァ・アールト / 1965 / セイナヨキ、フィンランド

　アルヴァ・アールトには、光を反射させて内部空間に導くことを主題とする作品群がある。1956年のヴェネツィア・ビエンナーレのフィンランド館においてリフレクター（光を反射させる装置）が生みだされ、その2年後に設計競技が行われた北ユトランド美術館ではそのリフレクターを展示空間全体に展開した。

　その後、リフレクターは壁や天井に置き換えられていく。光を取り込む入射面と、光を反射させるために変形した壁と天井が一体的に考えられ、それが建物全体の形を決定づける。この手法は、主に図書館建築で見られる。

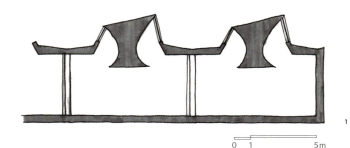

1. 北ユトランド美術館　展示空間　断面図 [51]
2. 同　スカイライト　外観
3. 同　リフレクターの連なり
4. 同　リフレクター
5. 同　セミナー風景

North Jutland Art Museum
Alvar Aalto / 1972 / Aalborg, Denmark

Rovaniemi City Library
Alvar Aalto / 1968 / Rovaniemi, Finland

Seinäjoki City Library
Alvar Aalto / 1965 / Seinäjoki, Finland

6. ロヴァニエミ市立図書館　閲覧室のリフレクター
7. セイナヨキ市立図書館　閲覧室のリフレクター
8. ロヴァニエミ市立図書館　閲覧室　断面図 [51]
9. セイナヨキ市立図書館　閲覧室　断面図 [51]

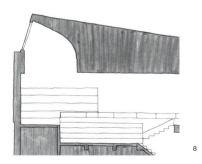

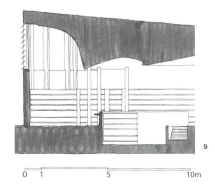

Light and Color

エンホイ教会　礼拝堂のスカイライト

ヘニング・ラーセン / 1994 / ラナース、デンマーク

　丘の上に建つV字形の屋根が特徴的な教会。松材でつくられた天井は、無彩色のコンクリート壁と色彩的に対比をなし、天井と壁面との隙間、垂木同士の隙間から舞い降りる自然光によって天井が美しく浮かび上がる様は圧巻だ。

　彫りの深いパネル目地によって強い陰影が刻印された壁面には、外部に向けて絞られた正方形の小窓が設けられ、光の規則的なパターンが生みだされている。祭壇の背後に立てられた壁が後光のように輝き、神々しさを演出する。

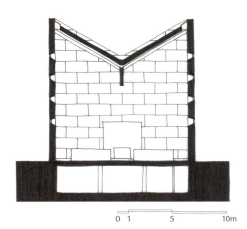

1. 断面図 [S=1:85]
2. 雪景色に佇む外観
3. 後方を望む
4. 祭壇方向　見上げ
5. 側面　見上げ

Enghøj Church
Henning Larsen / 1994 / Randers, Denmark

テンペリアウキオ教会　環状スカイライト

ティモ＆トゥオモ・スオマライネン / 1969 / ヘルシンキ、フィンランド

　「岩の教会」として親しまれているヘルシンキ中心部にある教会。集合住宅に囲まれた敷地の中央に、花崗岩の岩盤をくり抜いてつくられた。半地下の空間には直径約 24m の円形の天井が被せられ、岩の壁面との隙間が環状のトップライトになっている。約 180 本のプレキャストコンクリート製のリブとガラスで構成されたトップライトから光が射し込み、コイル状の銅板天井に鈍い光が反射する。

　設計当初は壁面に仕上げが施される予定だったが、岩肌のままの方が音響効果もよいということで変更され、現在の姿となった。

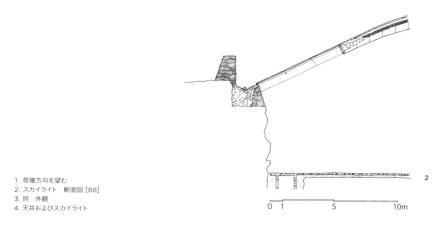

1. 祭壇方向を望む
2. スカイライト　断面図 [S=1:88]
3. 同　外観
4. 天井およびスカイライト

Temppeliaukio Church
Timo and Tuomo Suomalainen / 1969 / Helsinki, Finland

タウトラ・マリア修道院　木格子のスカイライト

イェンセン＆スコドヴィン設計事務所 / 2006 / タウトラ島、ノルウェー

　穏やかな静けさが漂うトロンハイムフィヨルドの孤島に建つシトー会修道院。夜明け前から始まる1日7回の祈りと労働を基本とする修道女たちが、日々の生活を営んでいる。
　礼拝堂では、祭壇の背後がガラスになっており、外に広がるフィヨルドの水面と樹木の揺らぎや音を感じることができる。屋根面は空気層をはさんだ合わせガラスと強化ガラスからなり、その内側に集成材を3層に重ねた格子が設けられている。屋根から降り注ぐ光と格子の影により移ろいゆく空間の中で、祈りと神との対話が繰り返される。

1. 妻部　見上げ
2. 断面詳細図 [DT.2008.11]
3. 断面図 [DT.2008.11]
4. 平面図 [DT.2008.11]
5. 夜明け前、礼拝堂から漏れる光
6. ガラス屋根　外観
7. 午後の光が射し込む礼拝堂

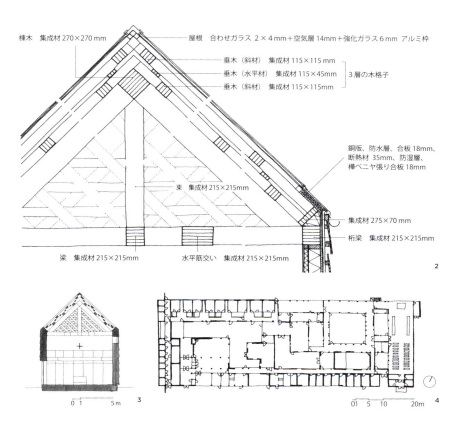

棟木　集成材 270×270 mm
屋根　合わせガラス 2×4mm＋空気層 14mm＋強化ガラス 6mm　アルミ枠
垂木（斜材）　集成材 115×115 mm
垂木（水平材）　集成材 115×45 mm　｝3層の木格子
垂木（斜材）　集成材 115×115mm

銅版、防水層、合板 18mm、断熱材 35mm、防湿層、樺ベニヤ張り合板 18mm

束　集成材 215×215mm

集成材 275×70 mm
桁梁　集成材 215×215mm

梁　集成材 215×215mm　　水平筋交い　集成材 215×215mm

2

3

4

5

6

Light and Color

Tautra Mariakloster
Jensen and Skodvin Arkitektkontor / 2006 / Tautra, Norway

北極教会　ずれた三角屋根

ヤン・インゲ・ホービ / 1965 / トロムソ、ノルウェー

　北緯約 70 度に位置する北極圏の街トロムソ。世界最北の大学都市として、またオーロラや白夜を体験できる街としても有名だ。

　その中心市街地より海を挟んで 2km の橋を渡った対岸に建つ教会。高さが異なる幅約 5m の三角形の屋根を少しずつずらして並べることで、建物が構成されている。日中、内部に自然光を導く屋根の隙間は、夜間になると内部の灯りを放出し、特徴ある外観を美しく際立たせる。街のランドマークとして閉堂後も夜中まで光を放ち、対岸からの夜景を楽しませてくれる。

1．平面図 [104]
2．光を放つ教会の夕景
3．外観　屋根の重なり
4．祭壇方向を望む

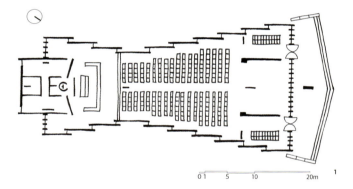

Arctic Cathedral
Jan Inge Hovig / 1965 / Tromsø, Norway

Kaleva Church / Raili and Reima Pietilä / 1966 / Tampere, Finland

カレヴァ教会　礼拝堂の鉛直スリット

ライリ&レイマ・ピエティラ / 1966 / タンペレ、フィンランド

　幹線道路分岐点の小高い場所に建つ教会で、その特徴的な形態は遠くからでも一際目立つ存在だ。

　教会は有機的なカーブを描く高さ 30m の構造材の集合により構成され、堂内にはそれらの隙間を通して多方向から光が導かれる。内壁の粗いテクスチャーに金色の光が射し込み、垂直性が強調された空間の中で光が刻々と移り変わっていく。設計当初、内部と同じくコンクリート打放しとする予定だった外装は、タイルに変更されている。

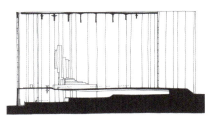

1. 祭壇部　見上げ
2. 断面図 [88]
3. 平面図 [88]
4. 外観　見上げ
5. 祭壇方向を望む

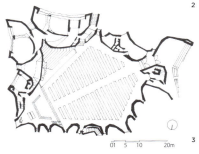

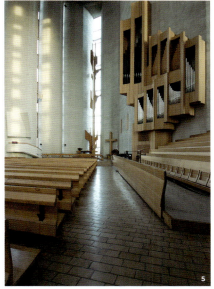

Light and Color

ミレスガーデンギャラリー
円形とV字形のスカイライト

ヨハン・セルシング / 1999 / ストックホルム、スウェーデン

　ストックホルムの北東に位置するリディンゴー島。島の高台に、彫刻家カール・ミレスが暮らしていた邸宅を利用してつくられた庭園ミュージアムがある。
　その園内に建てられたギャラリーは落ち着いたデザインで、居心地のよい空間が広がるが、そこでは円形とV字形のスカイライトが重要な役割を果たしている。円形のスカイライトのガラスは北の方角に向けられ、直射日光の入射をできるだけ排除し、柔らかな光を展示室内に取り込む。また、V字形のスカイライトの下には1枚の壁が立ち上げられ、空間を分けるとともに、スカイライトから入射した光を分配している。

Millesgården Museum Art Gallery
Johan Celsing / 1999 / Stockholm, Sweden

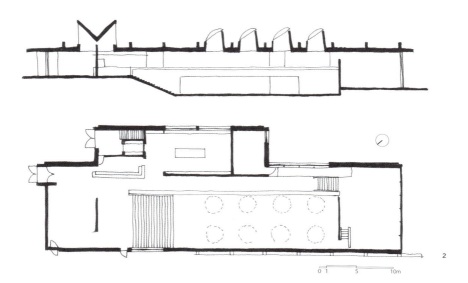

1. 展示空間と円形スカイライト
2. 断面図および平面図 [AU.2000.08]
3. 円形スカイライト　外観

Light and Color

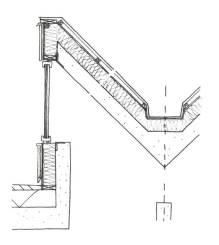
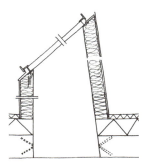

4. 円形およびV字形スカイライト　断面詳細図 [AU.2000.08]
5. V字形スカイライト　外観
6. 同　見上げ　光を分割する壁面
7. 同　エントランス側壁面

ストックホルム大学　大講堂の集光パネル

ラルフ・アースキン / 1996 / ストックホルム、スウェーデン

　ラルフ・アースキンは、1974年からストックホルム大学の設計に携わり、図書館、学生センターなどを手がけてきた。大講堂はその最後を飾る建築である。

　アースキンは、北欧の自然環境に対して建築がどうあるべきかを大きなテーマとして設計活動を行ったが、この大講堂の集光板はその解の一つだ。北欧に特有の高度の低い太陽光を白い面で受け止め、拡散反射させることで、直下のトップライトへと効率的に導く。この集光板はキャンパス内の体育館（1983年）や法学部棟（1991年）、またサンクト・ヨーランス病院の食堂（1986年）などにも見られ、アースキンが好んで用いた手法である。

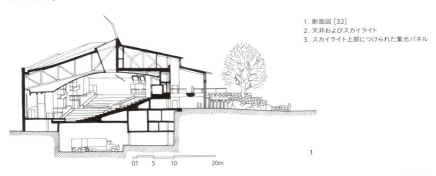

1．断面図［32］
2．天井およびスカイライト
3．スカイライト上部につけられた集光パネル

Lecture Hall, Stockholm University
Ralph Erskine / 1996 / Stockholm, Sweden

Ny Carlsberg Glyptotek
Vilhelm Dahlerup, Hack Kampmann / 1892, 1906 / Copenhagen, Denmark

新カールズバーグ美術館　ガラスドーム

ヴィルヘルム・ダレロップ、ハック・カンプマン / 1892、1906 / コペンハーゲン、デンマーク

　デンマークを代表するビール会社のオーナーが、膨大な芸術コレクションをコペンハーゲン市に寄贈したことがきっかけとなり建てられた美術館。建物には建設時期の異なるいくつかのガラスドームがあるが、それらは街のランドマークになっている。開館前の早朝には朝焼けに浮かび上がり、閉館後の夜間には淡く光輝くドームは、1日の始まりと終わりを情緒的に感じさせてくれる。

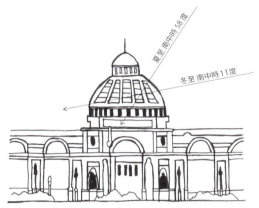

1．朝日に透けるガラスドーム
2．ガラスドーム　姿図と太陽高度［O］
3．内部　見上げ
4．ガラスドームの連なり

Light and Color

コンゲンス・ニュートー広場メトロ駅　スカイライト

KHR設計事務所 / 2002 / コペンハーゲン、デンマーク

　長く暗い憂鬱な冬を過ごす北欧の人々は、太陽の光を希求する思いが強い。北欧では、そのような人々の思いが地下鉄駅のデザインにも表れているようだ。
　コペンハーゲンのコンゲンス・ニュートー広場に近いこの駅では、エスカレーターの上部に大きなスカイライトが設けられ、地下ホームのフロアまで明るい自然光で満たされている。光の成分を分光するプリズム装置を通して地下に降り注ぐ光は、虹のような光の帯で地下の床面を輝かせ、地下空間に活気を生みだしている。コペンハーゲン市内には、このように自然光が地下まで導かれている地下鉄駅が多い。

1. スカイライト　外観
2. 地下フロアに落ちるスペクトル状の光
3. スカイライト　見上げ

Kongens Nytorv Metro Station
KHR Arcitects / 2002 / Copenhagen, Denmark

ニューハウン　壁の色彩

ニューハウン / コペンハーゲン、デンマーク

　「新しい港」という名の街、ニューハウン。かつては船乗りたちの酒場が集まる場所だったが、今ではレストランが建ち並び、観光客で賑わうコペンハーゲンの観光名所の一つだ。
　運河沿いのメインストリートから一歩裏に足を踏み入れるとアパートの中庭に出るが、そこを取り囲む壁面にも表の街並みと同様にカラフルな色彩が施されている。太陽光の乏しい憂鬱な時期には、窓から見える鮮やかな色彩と壁に反射して窓へと導かれる光が、居住者にとって大きな救いになるそうだ。

Nyhavn / Copenhagen, Denmark

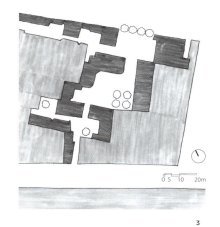

1. メインストリート
2. 中庭
3. メインストリートと中庭　平面図 [O]
4. 中庭　見上げ
5. 対岸から見た街並み

アルヴァ・アールトの白

アールトスタジオ / アルヴァ・アールト / 1956、63 / ヘルシンキ、フィンランド
エンソ・グートツァイト本社ビル / アルヴァ・アールト / 1962 / ヘルシンキ、フィンランド
セイナヨキの教会 / アルヴァ・アールト / 1960 / セイナヨキ、フィンランド

　北欧の建築では、乏しい太陽光を有効に活用するために、壁面に反射率の高い白を用いることが多い。アルヴァ・アールトも白を多用するが、その扱い方にはいくつかのタイプがある。初期の機能主義時代には、壁面などを白く平滑に塗りこんだ作品が見られるが、マイレア邸などそれ以降の作品になると、そのような無機的な扱いは影を潜め、アールトらしさが現れる。

　その白の扱い方は、大きく三つに分けられそうだ。一つめは、煉瓦、タイル、木材などを白く塗るもので、下地の素材感を出す点が特徴である。二つめは、平滑ではあるが緩やかなカーブや膨らみなどがつけられたもので、その形状が光を受け止め、白い濃淡の表情を生みだしている。そして最後は、素材に白い大理石を用いる方法で、後期の作品に見られる。

1. アールトスタジオ　煉瓦を塗装した外壁
   Alvar Aalto's Studio in Munkkiniemi / Alvar Aalto / 1956, 1963 / Helsinki, Finland
2. 同　布の内壁
3. エンソ・グートツァイト本社ビル　白大理石の外壁
   Enso-Gutzeit Co.Headquarters / Alvar Aalto / 1962 / Helsinki, Finland
4. セイナヨキの教会　内部
   Seinäjoki Church / Alvar Aalto / 1960 / Seinäjoki, Finland

Thorvaldsens Museum
Michael Gottlieb Bindesbøll / 1848 / Copenhagen, Denmark

トーヴァルセン彫刻美術館　色彩による展示演出

ミカエル・ゴットリブ・ビネスベル / 1848 / コペンハーゲン、デンマーク

　コペンハーゲン生まれの彫刻家ベルテル・トーヴァルセンの作品を展示する美術館。デンマークに初めて建設されたアートミュージアムで、人工照明のない時代に自然光をいかに取り込むかを手がかりに建物の形態や展示物の配置などが決められた痕跡が随所に認められる。自然光とともに、色彩の扱いも重視されており、壁に塗られた強い色彩が背景となって白い大理石の彫刻を引き立て、窓枠に塗られた色彩は、光の入射を強調するとともに、反射して色付いた光を彫刻に浴びせる。小展示室が連続する空間は、深い赤、黄土、朱、黒などの色を多用するポンペイ様式の色彩構成で彩られている。

1．大展示室　窓まわりの色彩と彫刻への光
2．異なる色で塗られた小展示室の連続
3．中庭に面する回廊部
4．大展示室　断面図 [46]

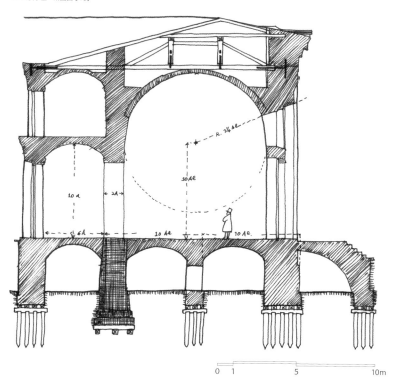

アロス・オーフス現代美術館　虹色の円環展望台

オラファー・エリアソン / 2011 / オーフス、デンマーク

　デンマーク王立図書館（通称ブラックダイアモンド）などを手がけたことで有名なシュミット・ハンマー＆ラッセン設計による美術館。その開館から7年後の2011年、虹色に色づいた街を見渡しながら回遊できる展望台が屋上に建設された。

　屋上面から約4m、地上から約40mの高さを1周する展望台は、浮かんだ形態と鮮やかな色彩によって地上からも目をひく存在だ。14本の柱の上に載る直径約52mの円環状の展望台は、三角形の管状スチールの床の両端に強化ガラスを立ち上げ、その上に屋根を架けるという構造がとられている。虹色のスクリーンは、色づけられた高さ2.8m、幅3.2mの曲面ガラスで構成されている。

1. 屋上より展望台を望む
2. 断面図 [47]
3. 美術館と展望台
4. 内部

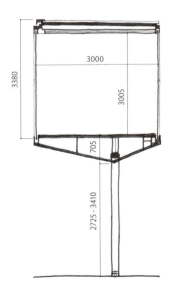

Your Rainbow Panorama, ARoS Aarhus Art Museum
Olafur Eliasson / 2011 / Aarhus, Denmark

Valencia
Dorte Mandrup Arkitekter / 2014 / Copenhagen, Denmark

ヴァレンシア弁護士協会　黄色の通過空間
ドーテ・マンドロップ設計事務所 / 2014 / コペンハーゲン、デンマーク

　1861年に建てられた「ヴァレンシア」という名のダンスホールは、かつてコペンハーゲンの社交場であった。その古い煉瓦造の建物がコンバージョン（改修）され、弁護士協会の事務所として蘇った。

　弁護士協会には、さまざまなトラブルを抱える人々が出入りする。そういった人々の気持ちを和らげることを目的として、壁や家具などには曲面が多用され、気分転換のできるスペースが各所に散りばめられている。鮮やかな黄色に満たされた空間もその一つであり、打ち合わせ室に向かう途中に強烈な色彩の空間を通過することで、気持ちがリフレッシュする。外皮の銀色の金属パネルが、黄色を対比的に強調している。

1. 黄色に満たされた通過空間
2. 断面図 [94]
3. 通過空間　1階ホールから見上げ
4. 同　入口
5. ホール　見上げ

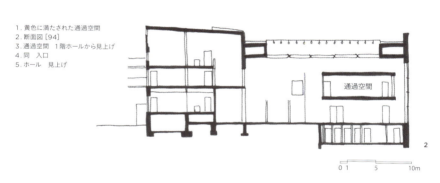

アントヴォスコウ教会　銃眼型色ガラス窓

ラインブーエン設計事務所 / 2005 / スラーエルセ、デンマーク

　茶系の煉瓦壁の外観とは対照的に、白に満たされた礼拝堂内部。トップライトからの光で浮かび上がる正面の壁に向かって右手には、さまざまな色彩を奏でる銃眼型の窓が四つ設けられている。

　銃眼型の窓は日本や西洋でも城などで見られるが、近代建築ではそこに色ガラスをはめ込んだル・コルビュジエのロンシャン礼拝堂（フランス）が著名な例だろう。ロンシャン礼拝堂では暗い闇の中で窓から射し込む光が白く荒々しい漆喰のテクスチャーを露わにしているのに対して、この教会では明るく白い平滑な壁面を背景として澄んだ色彩が優しく空間を彩る。南欧と北欧、カトリックとプロテスタントの違いをそこに見ることができる。

1．内壁立面図および平面図 [82][O]
2．祭壇と色ガラス窓
3．外観
4．内観

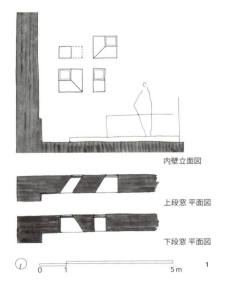

内壁立面図

上段窓 平面図

下段窓 平面図

1

Antvorskov Church
Regnbuen Arkitekter / 2005 / Slagelse, Denmark

マンニスト教会　礼拝堂のカラーアート

ユハ・レイヴィスカ、マルック・パーッコネン / 1992 / クオピオ、フィンランド

　「光と音の建築家」と称される建築家ユハ・レイヴィスカの白い空間には、沈黙とドラマが潜む。白い壁面の重ねあわせによる垂直性が強調された空間。壁の配列が、光の移ろいに合わせて音楽のように美しい旋律を静的な空間に奏でる。
　アーティストのマルック・パーッコネンとのコラボレーションにより、壁柱の裏側には淡い色彩が施されたパネルが配置されている。パネルに反射し色づいた光が、白い空間に柔らかな色彩のグラデーションを付け加える。

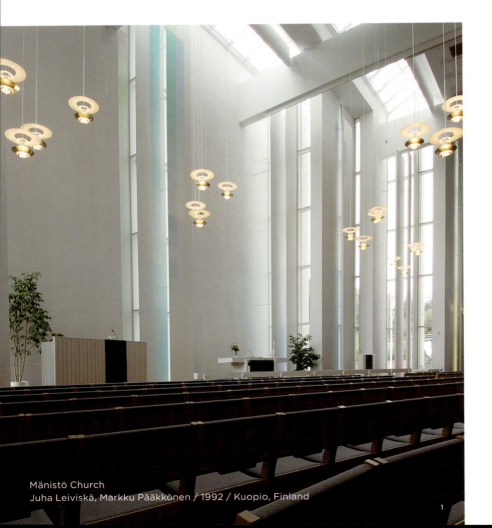

Mänistö Church
Juha Leiviskä, Markku Pääkkönen / 1992 / Kuopio, Finland

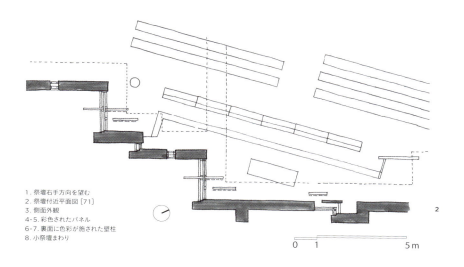

1. 祭壇右手方向を望む
2. 祭壇付近平面図 [71]
3. 側面外観
4-5. 彩色されたパネル
6-7. 裏面に色彩が施された壁柱
8. 小祭壇まわり

パイミオのサナトリウム　パイミオカラー

アルヴァ・アールト / 1933 / パイミオ、フィンランド

　広大な森の中に隔離されたように佇む病院建築。当初は結核患者の療養所としてつくられたが、現在は総合病院として使われている。

　アルヴァ・アールトを近代建築の北の雄として知らしめた初期の代表作品で、外観は白く幾何学的で機能主義的な様相を呈しているが、内部には療養患者の生活に配慮した数多くの工夫が施されている。色彩についても、患者の憂鬱な気持ちを元気づけようと明るく鮮やかな色が用いられた。この色彩は後に「パイミオカラー」と称されることとなる。

1．エントランス
2．食堂
3．アルテック80周年記念に発売された
　　スツール60のパイミオカラー版
4．階段室

Paimio Sanatorium
Alvar Aalto / 1933 / Paimio, Finland

Munkegård Elementary School
Arne Jacobsen / 1957 / Dyssegård, Denmark

ムンケゴー小学校　廊下の色彩

アルネ・ヤコブセン / 1957 / ディッセゴー、デンマーク

　コペンハーゲン近郊の緑豊かで閑静な住宅地にある小学校。長さ約 65m の廊下が 5 本、南北に通り、その左右に中庭を挟みながら六つの教室（中央部は一部大部屋）が並べられ、最後の突き当たりには特別教室が配される。この廊下には楽しい仕掛けが施されている。奥に向かうにつれて天井が上がっていき、教室から中庭に変わるところで、天井が急に下がり、そこに鮮やかな色が施されている。そしてまた、次の教室へ向かって緩やかに天井が上がっていく。突き当たりの特別教室では、折り返して 2 階まで上がるのだが、ここの色彩構成も実に鮮やかだ。この仕掛けに合わせて生徒たちが元気に廊下を駆け抜けていく様子はじつに微笑ましい。

1．彩色された斜めの天井の連続
2．進行方向断面図 [37][O]
3．水色を主とする入口付近
4．中庭出入口部
5．緑と黄色を主とする突き当たりの空間

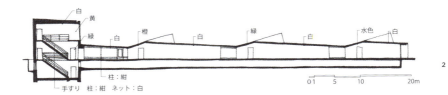

Light and Color

テルス保育園　外と内の色光対比
タム＆ヴィーデゴー設計事務所 / 2010 / ストックホルム、スウェーデン

　中庭を囲む有機的な外形がユニークなストックホルム近郊にある保育園。曲面を描く外壁には50mm×50mmの縦桟が約100mm間隔で打ちつけられ、一部の窓は縦桟に覆われている。外壁から窓枠まで鮮やかなレモンイエローで彩色され、建物全体が眩い光を放つ。その一方で、各部屋はピンクや緑などに塗られており、あたりが暗くなるにつれて内部から色とりどりの光が漏れはじめ、黄色い外壁と絶妙のコンビネーションを見せる。

1．床がピンク色の部屋
2．内部の色光が漏れる外観
3．外壁に打ちつけられた縦桟
4．開口部まわり　平面詳細図 [33][M]
5．中庭に漏れる色とりどりの光

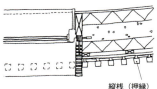

縦桟（押縁）
50×50mm @105～120mm

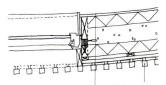

縦桟（押縁）
50×50mm @105～120mm

壁
プラスターボード 13mm
断熱材 100mm
コンクリート 150mm
断熱材 100mm
繊維セメント板 4mm
胴縁 28×70mm
合板 22×100mm
木質ボード 22×100mm
縦桟（押縁）50×50mm

Tellus Nursery School
Tham and Videgård Arkitekter / 2010 / Stockholm, Sweden

Structure and Material

北欧建築によく用いられる建築材料を挙げてみよう。まず、森林の豊富なフィンランド、ノルウェー、スウェーデンで多用されているのが木材だ。伝統的な木造建築では、ログハウスのほか、太い支柱と梁で支えるスターブ教会や箱状の柱を用いた箱柱式教会など独特な構法も見られる。近現代に入っても、木材を主材料とする建築物は新たな技術やデザインを取り込みながら積極的に建設され、ナチュラルで温かいイメージとともに北欧建築のアイデンティティにもなっている。国や大学なども木材の普及を後押ししているほどだ。
　一方、デンマークでは石材や木材の産出量が少なく、煉瓦建築の文化が発達した。北欧諸国全体を見ても、煉瓦を好んで使う建築家は多く、建物のために特別に焼いた煉瓦が用いられることも頻繁にある。煉瓦の素地を残しながら塗装する表現、独特の陰影や色彩を持つテクスチャー、煉瓦による伝統的な外観と現代的な内部空間の対比、鉄骨やガラスなど現代的な材料との組み合わせなど、こだわりのある事例が豊富に存在する。
　コンクリートについては、打放しによるブルータルな表現も見られるが、寒冷地では凍結の心配があるため、外部を打放しで仕上げる例は少ない。それゆえ、石やタイルが貼られた建築物が多い。なお、北欧の国々は堅固な岩盤で支えられており、地震がないことも付記しておく。

ヴィープリの図書館　講義室の波打つ天井

アルヴァ・アールト / 1935 / ヴィープリ、ロシア (元フィンランド)

　パイミオのサナトリウムと並ぶアルヴァ・アールト初期の機能主義建築の代表作。アールトは後にこの図書館について「人間的機能主義」という言葉で語っているが、ここでは技術や合理性にとどまらず、人間の心理や生理にまで踏み込んだ機能の追求が重視され、講義室の音環境をいかに設計するかは主要なテーマの一つであった。

　幅約 9m、奥行き約 25m の細長い講義室では、講演者の声が奥に座る人にまでしっかりと届くように音の反射を考慮することで、波打つ天井面が生みだされた。この形状は、実継ぎでつながれた幅約 45mm の松材の小幅板を木製の曲面リブに取りつけることで実現されている。

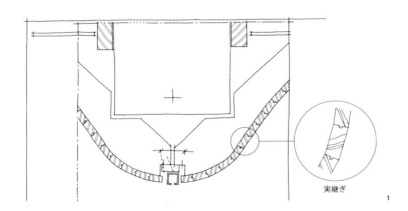

実継ぎ

1

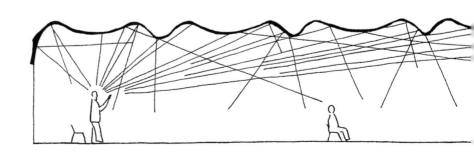

1. 天井　断面詳細図 [56]
2. 講義室前方を望む
3. 天井　見上げ
4. 長手方向断面図 [56]
5. 天井　見上げ

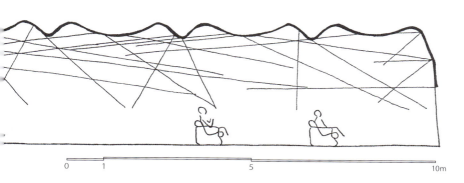

Structure and Material　81

Lecture Room, Viipuri Library
Alvar Aalto / 1935 / Viipuri, Russia (formerly, Finland)

バウスヴェア教会　礼拝堂の白い曲面天井

ヨーン・ウッツォン / 1976 / バウスヴェア、デンマーク

　シドニー・オペラハウスの設計で知られるヨーン・ウッツォンによる教会。矩形平面の中に礼拝堂およびサービス諸室が中庭とともに配置され、それらが回廊でつながれており、プレファブの工場のような外観とは対照的に豊かな内部空間が展開する。

　礼拝堂は、有機的な曲線を描きながら上方へ昇っていく天井で覆われている。下からは見えない位置にある開口部から入った光が、小幅板の型枠の痕跡が残る白く塗られた粗い天井面に拡散反射しながら舞い降り、礼拝堂全体を澄んだ光で満たす。エントランスの木製ルーバー、祭壇背後の白い孔空きブロック壁により、水平方向にも視線や光が浸透する。

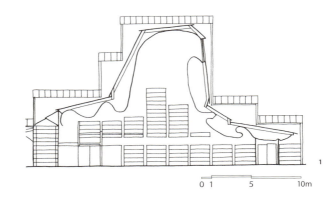

1. 断面図 [DK.1982.03]
2. 祭壇
3. エントランス側天井　見上げ

Bagsværd Church
Jørn Utzon / 1976 / Bagsværd, Denmark

St.Mark's Church
Sigurd Lewerentz / 1960 / Stockholm, Sweden

聖マーク教会　煉瓦のヴォールト天井

シーグルド・レヴェレンツ / 1960 / ストックホルム、スウェーデン

　シーグルド・レヴェレンツの名作の一つ、聖マーク教会はストックホルム郊外の白樺の森の中に建つ。茶系統の焼き煉瓦と灰色のモルタルによる落ち着いた外観で、ヴォリュームも抑えられ、周囲に溶け込んでいる。

　外部と同じ素材でつくられた礼拝堂に足を踏み入れると、頭上には鉄骨に支持され、左右の幅と高さを所々互い違いにした変形ヴォールトの煉瓦天井が祭壇に向かって連続する。静けさに包まれた薄暗い空間で、小さな開口部から射し込む抑制された光がその天井面をかすかに浮かび上がらせる。

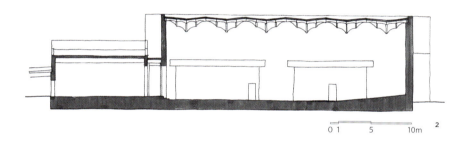

1. ヴォールト天井　詳細
2. 長手方向断面図 [25]
3. 祭壇方向を望む

ガンメル・ヘレルプ高等学校体育館　曲面天井と外部床

ビャーケ・インゲルス・グループ (BIG) / 2010 / ヘレルプ、デンマーク

　この学校の卒業生であるビャーケ・インゲルスが設計を手がけた体育館。既存校舎に囲われた中庭の地下を5m掘り込み、増築された。

　44m×21mの平面形に対し、200mm×1100mmの集成材の梁が1mスパンで架けられ、天井は中央部が盛り上がる三次元曲面を描く。壁際に設けられたスリットから落ちる自然光が天井と壁面を切り分け、梁に反射する蛍光灯の光が不思議な効果を発している。天井の形状は屋外にそのまま現れ、起伏のある広場となる。ウッドデッキの曲面床に置かれたスチールプレート製の環状ベンチ、小ぶりなテーブルと椅子が空間のアクセントになりつつ、学生たちにくつろぎの場を提供している。

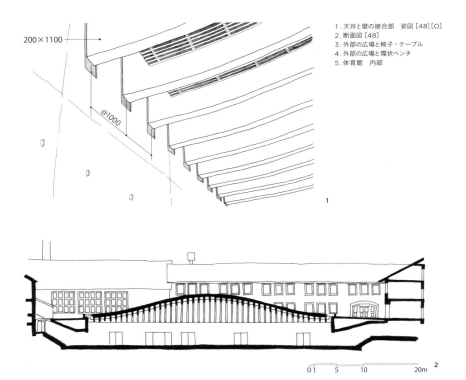

1. 天井と壁の接合部　姿図 [48][O]
2. 断面図 [48]
3. 外部の広場と椅子・テーブル
4. 外部の広場と環状ベンチ
5. 体育館　内部

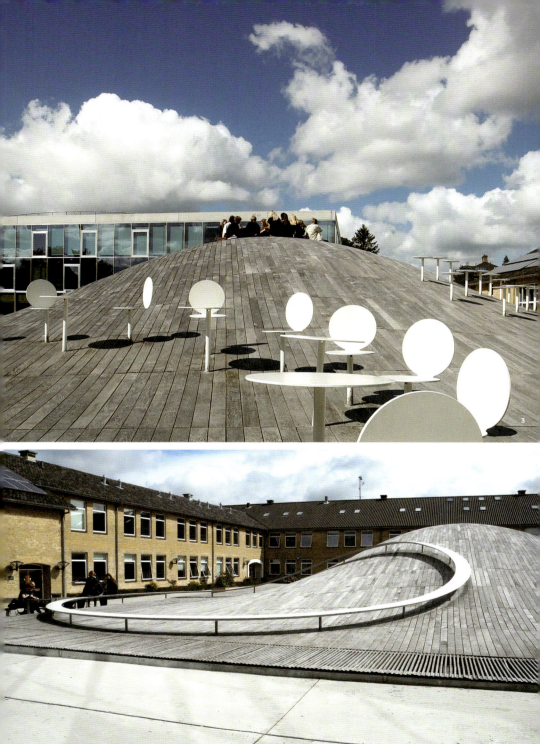

Gammel Hellerup Gymnasium
Bjarke Ingels Group (BIG) / 2010 / Hellerup, Denmark

Sibelius Museum
Woldemar Baeckman / 1968 / Turku, Finland

シベリウス博物館　展示室の構造体

ヴォルデマール・ベックマン / 1968 / トゥルク、フィンランド

　フィンランドの代表的作曲家ジャン・シベリウスの資料や楽器等を展示する博物館。スウェーデン領時代の旧首都トゥルクの大聖堂の近く、アウラ川のほとりに建つ。

　展示室は、独特の形態を有する4本の傘型のコンクリート構造体で形づくられるホールと、それを取り巻く展示ボックスにより構成される。ホールの周囲を巡るハイサイドライトから入り込む光は、構造体の傘によって拡散され、ホール全体を照らしだす。展示ボックスが上方からの光を内側と外側に交互に振り分けており、採光のシステムと空間の構造が見事に調和した建築である。

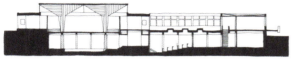

1. 展示室の構造体
2. 断面図および平面図 [78]
3. 外観

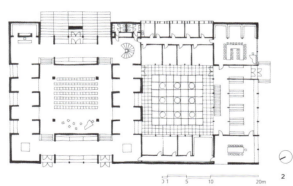

ヘドマルク博物館　廃墟と現代的要素の融合
スヴェレ・フェーン / 1979 / ハマー、ノルウェー

　オスロから北へ約100km、ノルウェー最大の湖ミョーサ湖畔の歴史ある街ハマーに、大聖堂の遺跡を利用して建てられた博物館がある。ノルウェー建築界の巨匠スヴェレ・フェーンの代表作の一つだ。

　所々崩れ落ちた石壁の外側には、被せるようにガラスが取り付けられている。一方、内部には、木の架構が設けられ、コンクリートの壁や床、スロープが挿入されている。朽ち果てた要素と現代的要素がそれぞれ自立しながらも融合する空間には、神秘的な雰囲気が漂う。来館者の歩行経路とスピード、視線の向きなどを絶妙にコントロールしつつ、光と闇、内部と外部の関係性を織り込みながら新旧の要素を体験させるシークエンスは秀逸だ。

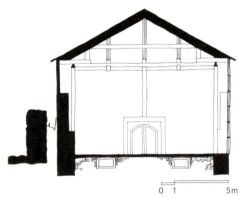

1. 断面図 [AU.1999.01]
2. ガラス取り付け部　詳細
3. 同　全景
4. 廃墟壁に架けられた木架構

Hedmark Museum
Sverre Fehn / 1979 / Hamer, Norway

オタニエミ礼拝堂　木製トラス架構

カイヤ＆ヘイッキ・シレーン / 1957 / エスポー、フィンランド

　アルヴァ・アールト設計のヘルシンキ工科大学（現アールト大学）の敷地内の森にひっそりと佇む礼拝堂。祭壇背面のガラス越し、森の手前には白く塗られたスチールの十字架が置かれ、礼拝堂の内部空間と十字架、そして森が連続する。夏には新緑の森を、冬には雪に覆われた真っ白い森を背に十字架が浮かぶ光景は、世界の建築界に大きなインパクトを与えた。

　礼拝堂には、南側の入口から北側の祭壇に向けて下がっていく片流れ屋根が架かる。南面壁の上部には大きなハイサイドライトが設けられており、そこから射し込む光が木製の天井やそれを支えるトラスを照らしつつ、堂内に明るさをもたらす。木製トラスには細材が用いられ、スチール製の斜材と組みあわされた姿はとても近代的で洗練されている。

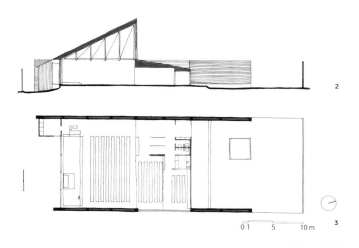

1．木製トラス架構　見上げ
2．断面図 [88]
3．平面図 [88]
4．エントランス側外観
5．ガラス越しに見える十字架

Otaniemi Chapel
Kaija and Heikki Siren / 1957 / Espoo, Finland

St. Henry's Ecumenical Art Chapel
Matti Sanaksenaho / 2005 / Turku, Finland

聖ヘンリ・エキュメニカル礼拝堂　松の構造材

マッティ・サナクセンアホ / 2005 / トゥルク、フィンランド

　1992年のセビリア万国博覧会におけるフィンランド館の設計メンバーとして有名になったマッティ・サナクセンアホの設計による教会。

　鈍い光を放つ銅板に覆われた特徴的なシルエットを持つ外観が目をひく。緩やかなアプローチスロープを回り込み内部に入ると、一変して松の構造材が連続して立ち上がる暖かみのある空間が広がる。奥の祭壇部分のみがアートガラスで囲われており、降り注ぐ光が祭壇への方向を強調する。120mm×450mmの断面を有するリブ状の構造材は、幅と高さを微妙に変えながら約2mスパンで配置されており、それにより独特なカーブを描く内部空間が生みだされている。

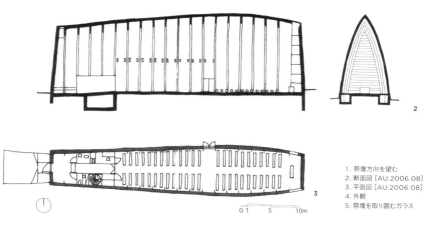

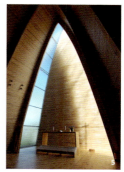

1. 祭壇方向を望む
2. 断面図 [AU.2006.08]
3. 平面図 [AU.2006.08]
4. 外観
5. 祭壇を取り囲むガラス

ヴァッリラ図書館　閲覧室の木架構

ユハ・レイヴィスカ / 1991 / ヘルシンキ、フィンランド

　ヘルシンキ郊外に建てられた託児所と図書館の複合施設。設計を手がけたユハ・レイヴィスカは、かつてこの地域に美しい木造住宅群があったことを踏まえて、木造を現代風にアレンジすることにしたと語る。

　中庭を囲んで図書館と託児所が向きあう。図書館の平面形は中庭から放射状に広がり、断面的には広がりに合わせて天井が階段状に上がっていく。天井高さが変わる箇所にはハイサイドライトが設けられ、自然光が取り込まれる。繊細な直線材の集積で構成された架構では、構造材と装飾材の二つの木の扱い方がうまく融合されている。

1. 断面図 [71]
2. 柱とハイサイドライト
3-4. 木架構　見上げ

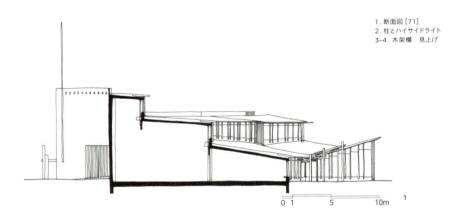

Vallila Library
Juha Leiviskä / 1991 / Helsinki, Finland

アウレヤルヴィの木造教会　箱形柱と対のつなぎ梁

オイヴァ・カッリオ / 1924 / クレ、フィンランド

　木材が豊富なフィンランドでは丸太組構造の建物が発達したが、西海岸地域で17〜18世紀に建設された木造教会に見られる構法は、フィンランドのみならず世界でもユニークなものとされている。木材で箱形の柱をつくり、その頂部をつなぎ梁によって結ぶという構法で、その構法を用いた教会は「箱柱式教会」と呼ばれる。
　中部フィンランドの街クレの森に建つこの小さな木造教会は、20世紀に建設されたが、伝統的な箱柱式教会を参考にしてつくられているようである。そして箱柱式教会には見られない対のつなぎ梁、クローバー型のドーム天井を持つことが特徴だ。

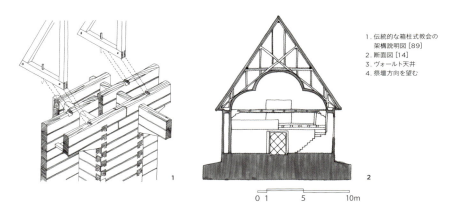

1. 伝統的な箱柱式教会の架構説明図 [89]
2. 断面図 [14]
3. ヴォールト天井
4. 祭壇方向を望む

Aurejärvi Wooden Church
Oiva Kallio / 1924 / Kuru, Finland

Copenhagen Central Station
Heinrich Wenck / 1911 / Copenhagen, Denmark

コペンハーゲン中央駅　ホールの木架構

ハインリッヒ・ヴェンク / 1911 / コペンハーゲン、デンマーク

　デンマークの玄関口であるコペンハーゲン中央駅は、いつも多くの人であふれている。この駅では地下にホームが設けられており、各ホームの結節点となる大きなホールは地上レベルにある。
　ホールにはコンクリート柱から伸びる集成材のアーチ屋根が架けられ、ガラスの天井から柔らかな光が降り注ぐ。加えて、側面からも効果的に光が取り込まれている。これまでに幾度かの改修が行われているが、木製アーチは竣工当時のままで、黒褐色に変色した木肌が100年以上の歴史を物語る。

1．早朝の光に包まれるホール
2．柱頭部　詳細

イェーテボリ裁判所増築 メインホールの柱

エリック・グンナール・アスプルンド / 1937 / イェーテボリ、スウェーデン

　スウェーデン第二の都市イェーテボリにある裁判所。増築に際しては、旧裁判所および隣接する市庁舎との関係性が重要なテーマとされ、旧裁判所の「外なる中庭」に対して「内なるホール」が並置された。その中庭とホールに挟まれた部分は、特筆すべき魅力的なスペースだ。

　中庭から射し込む光に満たされた2層分のメインホールでは、H形鋼をコンクリートで覆った柱が薄い床を支え、上下階は緩やかな直階段で結ばれる。柱と梁は、床に対して形態的にも色彩的にも区別されており、床の浮遊感を強調している。

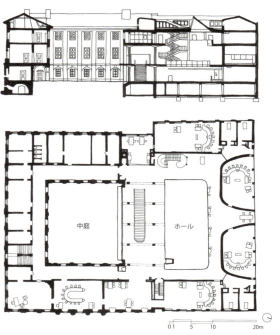

1. 断面図および平面図 [01]
2. 上階床を支える柱と梁

Göteborg Low Courts
Erik Gunnar Asplund / 1937 / Göteborg, Sweden

モルテンスルッド教会　石積みの内壁

イェンセン＆スコドヴィン設計事務所 / 2002 / オスロ、ノルウェー

　オスロ市内、松の木が生い茂る小さな丘の上に建つ教会。切妻屋根の細長い礼拝堂と教区本部棟に挟まれた庭がアプローチになっている。

　礼拝堂の床には、当初から敷地に存在した岩が露出する。外壁の内側には、鉄骨の構造材の間に平らな割石を透かし積みにした内壁が入れ子状に立ち上がる。石の隙間を縫って射し込む光が礼拝堂を包み込む。鉄骨の構造材や天井の金属折板の表現により、全体的に工業的な軽さと明るさが感じられる教会だ。

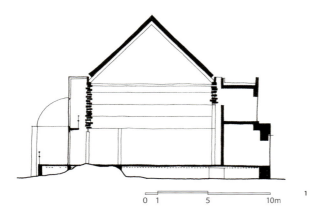

1. 断面図［AU.2002.08］
2. 祭壇方向を望む
3. 祭壇部
4. 石積みの内壁と鉄骨の構造体

Mortensrud Church
Jensen and Skodvin Arkitektkontor / 2002 / Oslo, Norway

Kuokkala Church
Lassila Hirvilammi Architects / 2008 / Jyväskylä, Finland

クオッカラ教会　木格子の皮膜

ラッシラ・ヒルヴィランミ・アーキテクツ / 2008 / ユヴァスキュラ、フィンランド

　フィンランド中部の主要都市ユヴァスキュラに建てられたこの教会では、外部と内部の印象がまったく異なる。削り落としたように形づくられたソリッドで独特な外観に対して、内部には柔らかな空間が広がっている。

　集成材による曲面天井の内側には、グリッドシェル構造により菱形に組まれた薄い木格子が架けられ、それら2層の皮膜が礼拝堂を優しく包み込む。材料はフィンランド産のベイマツで、ワックスでわずかに漂白されている。トップライトからの光が皮膜の間に滑り込むことで、層状の構成はより強調される。

1. 壁面とスカイライト　見上げ
2. 断面図 [AU.2011.07]
3. 外観
4. 祭壇方向を望む
5. 天井　見上げ

復活礼拝堂　浅い彫りのある壁と柱型

エリック・ブリュッグマン / 1941 / トゥルク、フィンランド

　フィンランド西部の主要都市トゥルクを中心に活動し、アルヴァ・アールトのライバルとも言われたエリック・ブリュッグマンの代表作。光とプロポーションが美しい礼拝堂の壁面には、浅い凹凸がつけられている。その陰影が礼拝堂にほどよいスケール感と奥行き感を与え、空間全体に柔らかい独特な雰囲気を生みだしている。

　凹凸の一つは北側の壁面に彫り込まれた十字架や弓矢などの図柄、もう一つは柱型の壁面からの突出だ。床面から上方へ伸びる柱型は、ヴォールトに到達すると徐々に消失し、光もそのディテールを追うように消えていく。設計時のスケッチパースにもこの陰影が注意深く描かれており、その効果を重視していたことが読みとれる。

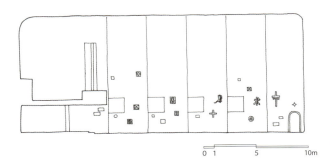

1. 側面展開図 [65]
2. 断面図 [65]
3. 彫りのある壁面
4. 祭壇方向を望む
5. 天井　見上げ

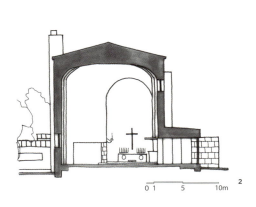

Resurrection Chapel
Erik Bryggman / 1941 / Turku, Finland

タウトラ・マリア修道院　粘板岩の外壁パネル

イェンセン＆スコドヴィン設計事務所 / 2006 / タウトラ島、ノルウェー

　トロンハイム・フィヨルドに面して、周囲の環境に溶け込むように佇む修道院。
　礼拝堂や宿泊棟など建物すべての外壁が統一されており、厚さ17mm、縦400mm×横200〜400mmの粘板岩のパネルが張られている。色とテクスチャーの異なるパネルが、季節・時刻・天候による光の変化を受け止め、多様な表情を醸しだす。その外観は、ノルウェーの伝統的なスターブ教会に見られる分厚い板によるこけら葺きの荒々しい屋根や壁の表情を思わせる。
　美しくも厳しい自然環境の中で日々繰り返される修道士たちの祈りと労働とともに、この建物も美しく風化していくのだろう。

1. 外観
2. 壁面　断面詳細図［DT.2008.11］
3. 壁面　詳細

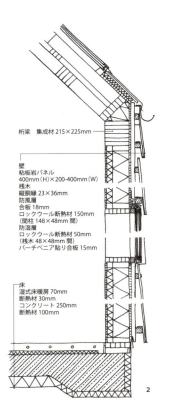

Tautra Mariakloster
Jensen and Skodvin Arkitektkontor / 2006 / Tautra, Norway

ムーラッツァロの実験住宅
中庭の煉瓦・タイル壁

アルヴァ・アールト / 1953 / ユヴァスキュラ、フィンランド

　アルヴァ・アールト自身のサマーハウスとして設計されたこの住宅では、構法や素材、設備などについてさまざまな実験的試みが行われた。それゆえ、「実験住宅」と呼ばれている。

　L字型の母屋とゲストルーム、付属部屋で構成され、中庭の壁面にはそれまでの作品に用いた煉瓦・タイルに加えて、新しく取り寄せた素材が思い思いに貼られている。赤茶色の煉瓦が大半を占めるなか、青や白色のタイルが所々に使われており、そのタイルに反射した光が全体の印象を引き締めている。

1. 平面図 [51]
2. 居間より中庭を望む
3. 中庭の煉瓦とタイル

Kroyers Plads Housing
Vilhelm Lauritzen Arkitekter + COBE / 2015 / Copenhagen, Denmark

クロイヤー広場の集合住宅　外壁の凹形煉瓦

ヴィルヘルム・ラウリッツェン設計事務所＋コーベ / 2015 / コペンハーゲン、デンマーク

　コペンハーゲン市内の南部、クリスチャンハウン地区の水辺に建てられた集合住宅。広場を囲むように3棟が並び建つ。そのデザインは、この地区に古くからある倉庫群に影響を受けている。

　水辺に建つ1棟のミニマリスティックで抽象的な外観には、凹面のある粗い赤茶色の煉瓦が用いられることで、人間的なスケール感と風合いが付与されている。外壁に浮かぶようにリズミカルに配置されたガラスの手すり壁や窓、スカイライトが現代的だ。

1. 凹型煉瓦　詳細
2. 窓まわり
3. 運河越しの外観

オスロのオペラハウス　大理石の外部床

スノーヘッタ / 2007 / オスロ、ノルウェー

　オスロ中央駅からほど近いオスロ・フィヨルドに建てられたオペラハウス。垂直性ではなく平面的な広がりによってモニュメンタリティをつくることがコンセプトとされ、屋根は大理石が敷き詰められたスロープになっている。対岸からは屋上を上り下りする人々の動きが見え、氷山のようにも見えるこの景観にはノルウェーという国のアイデンティティが感じられる。

1. 外観
2. 屋上
3. 大理石の床面

Oslo Opera House
Snøhetta / 2007 / Oslo, Norway

Window

建築の内と外の接点であり、両者の関係性をコントロールする重要なエレメントである窓。北欧建築では、冬の厳しい外部環境から屋内を守ることを第一義にしながら、窓を通して光、空気、眺望などを必要に応じて内部に取り入れている。
　居住空間では、光の乏しい冬の環境下でいかに快適に生活できるかが重視され、より多くの光を取り入れることのできる大きな窓が求められる。対して、空気については、湿気の少ない土地ゆえにそれほど換気する必要がないため、大きな固定窓と小さな開閉窓の組み合わせがよく見られる。この点は風通しをよくするために開閉部が大きくとられることが多い日本とは異なっており、気候風土の違いが建築に現れている。
　また、窓によって切り取られる風景も、建築には重要な要素だ。北欧の建築家たちは、窓辺の演出にも長けている。窓周りには、光を遮る装置や風をうまく取り込む工夫、緑で彩るための仕掛けなどが設えられ、窓枠に至るまで細やかにデザインされる。
　そして、窓は美しい外観を形づくる上でも重要な要素として注意深く扱われる。

パイミオのサナトリウム　病室の窓

アルヴァ・アールト / 1933 / パイミオ、フィンランド

　この病室には、患者に配慮したさまざまな工夫が盛り込まれている。

　南面する窓は、より多くの光を取り込むために天井から足元まで大きくとられ、カウンターは下部からの光を遮らないように天板を浮かせたデザインにされている。一方、ベッド頭部側の袖壁は、午後に射し込む眩しい光を遮る役割を果たす。

　また、二重サッシになっているため、ベッド頭部側から取り込まれた外気はサッシ間で温められ、足元側から室内に送りだされる。加えて、天井の輻射暖房パネルも足元側に設置されており、光、風、熱に関わる頭部側での不快感が解消されている。

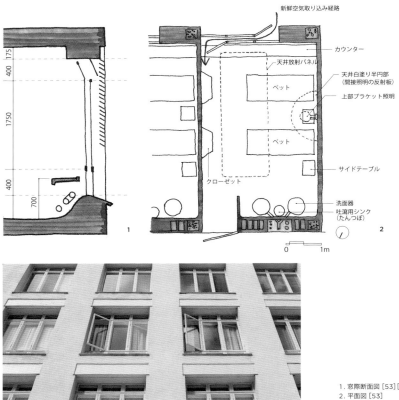

1. 窓際断面図 [53][91][O]
2. 平面図 [53]
3. 窓部外観　見上げ
4. 病室入口より窓方向を望む

Paimio Sanatorium
Alvar Aalto / 1933 / Paimio, Finland

Asplund's Summer House
Erik Gunnar Asplund / 1937 / Sorunda, Sweden

アスプルンドの夏の家　居間の窓

エリック・グンナール・アスプルンド / 1937 / ソールンダ、スウェーデン

　ストックホルムの南南西、車で 65km ほどの海辺にあるエリック・グンナール・アスプルンド自身のサマーハウス。小高い岩山を背にして、角度がずらされた二つの棟が南側の海に向けて配置されている（p.196、平面図参照）。海側に建つ居間の窓の向こうには、美しい水辺の景色が広がる。

　この夏の家には、自邸ならではのさまざまな趣向が凝らされており、居間の窓もその一つだ。ガラス面がスライド式で、天井に収めることが可能。網戸も組み込まれており、季節や目的に応じて使い分けができる機能性の高い窓である。

1. 室内より全景
2. 断面図　窓の開閉パターン [91][M][O]
3. 見上げ　網戸収納部
4. 見下げ
5. 階段から窓方向を望む

ガラス　　ガラス 内倒し　　網戸　　全開　　2

聖ペーター教会　クリップ止めの窓
シーグルド・レヴェレンツ / 1966 / クリッパン、スウェーデン

　この教会では、中世を思わせる粗野な黒い煉瓦が、外壁、内壁をはじめ、天井、床、そしてベンチやテーブルにまで徹底して用いられることで、禁欲的な空間が生みだされている。正方形の礼拝堂は神秘的な闇に包まれており、隆起する床、鉄骨の架構に支えられた連続ヴォールトの天井などがかすかな光によってようやく認識できるほどだ。

　外壁に穿たれた開口部には、ガラスがシール剤で接着され、クリップで止められている。ガラスを直接貼りつけたような表現が、煉瓦との対比を強調する効果をもたらす。すべての細部にいたるまでこだわり抜かれた建築である。

1. ガラス窓　断面詳細図［28］
2. 祭壇方向を望む
3. 壁面とガラス窓
4. ガラス窓　詳細

St. Peter's Church
Sigurd Lewerentz / 1966 / Klippan, Sweden

ナクスタ教会　フィンつきの連窓

ペーター・セルシング / 1969 / スンスヴァル、スウェーデン

　ペーター・セルシングは、1959年竣工のハーランダ教会から約10年の間に七つの教会を手がけたが、この教会はその最後にあたる。ノアの方舟をモチーフにしたシンボリックな形態、ダークブルーの外壁などの点で、煉瓦を主としてシンプルに構成するそれまでの作風とは大きく異なっている。

　礼拝堂内部は白を基調としており、木製の天井と架構が全体を引き締める。祭壇に向かって左手の連窓にはフィンが2段に設けられ、光を上方へと跳ね上げる。簡単な装置ではあるが、湾曲した壁面の祭壇への方向性を強調し、内部の光の分布に変化を与えるこのフィンは、礼拝堂を特徴づける重要な要素となっている。

1. 平面図 [30]
2. 断面図 [30]
3. 窓部外観
4. 祭壇方向を望む
5. 窓部フィン　詳細

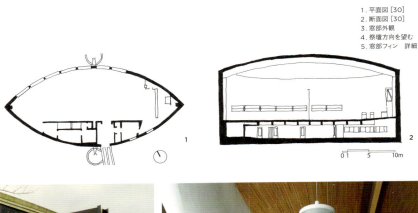

Nacksta Church
Peter Celsing / 1969 / Sundsvall, Sweden

ヴィープリの図書館　講義室の弓形サッシ

アルヴァ・アールト / 1935 / ヴィープリ、ロシア（元フィンランド）

　天井が波打つ講義室（p.80）のガラス面を支えるスチールサッシは、上下の先端が先細りにカットされ、弓形をしている。この形状により、サッシの存在感が弱められるとともに、サッシとガラス面との一体性が強調されている。

　ガラス面と天井との間には、カーテンレールが設置された奥行き約 35cm の隙間がある。天井はこの隙間によって縁を切られ、その波打つ断面が露わになっている。

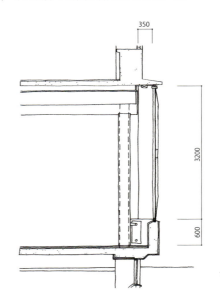

1．窓部断面図 [S=1:56]
2．窓上部外観
3．窓下部　弓形のサッシ枠
4．天井の納まりおよびサッシ枠

Lecture Room, Viipuri Library
Alvar Aalto / 1935 / Viipuri, Russia (formerly, Finland)

ルイジアナ近代美術館
内と外をつなぐギャラリーの窓

ヨーゲン・ボ、ヴィルヘルム・ヴォラート / 1958-91 / フムレベック、デンマーク

　スウェーデンを望む海辺に建つルイジアナ近代美術館。「世界一美しい美術館」と言われる理由の一つに、「内部空間と外部空間の心地よい連続性」が挙げられるだろう。

　アルベルト・ジャコメッティの彫刻が展示されている北棟2層ギャラリーの窓は、その代表例だ。大きなガラス面を通して、展示空間と外部の豊かな緑と池が一体化している。この池は、ヴァイキング時代に舟だまりに使われていた入江の入口を埋めてつくられたという。

　この建築については、設計者自身が日本建築、特に桂離宮の影響を大きく受けたと言及しており、障子を開け放った際に内部と外部とが一体化する日本建築の特質に通じるものがある展示空間だと言えよう。

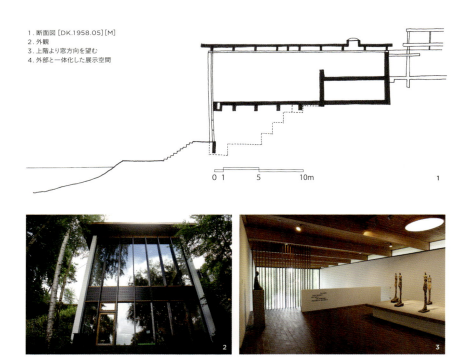

1. 断面図 [DK.1958.05] [M]
2. 外観
3. 上階より窓方向を望む
4. 外部と一体化した展示空間

Louisiana Museum of Modern Art
Jørgen Bo, Vilhelm Wohlert / 1958-91 / Humlebæk, Denmark

Bornholm Art Museum
Fogh and Følner / 2003 / Bornholm, Denmark

ボーンホルム美術館
風景を切り取るピクチャーウィンドウ

フォー&フルナー / 2003 / ボーンホルム島、デンマーク

　バルト海に浮かぶボーンホルム島（約590km²）の北東部、海に面する斜面に建つ美術館。海に向かって連続する窓は、その外観にリズミカルな表情を与えている。

　内部では、それらの窓が屋外の彫刻作品や展望台などを捉え、さまざまな風景を切り取るピクチャーウィンドウになる。位置関係を十分に検討した上で、窓の配置が決定されているのだろう。窓まわりも、広がりと奥行きを持たせた窓台、欠きこんだ壁面、トップライトとの組みあわせなど繊細にデザインされ、変化と豊かさにあふれる空間が生みだされており、展示場所としてもうまく利用されている。

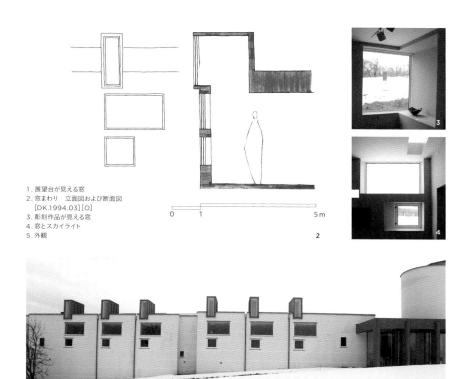

1. 展望台が見える窓
2. 窓まわり　立面図および断面図 [DK.1994.03] [O]
3. 彫刻作品が見える窓
4. 窓とスカイライト
5. 外観

Copenhagen University Library
J.D. Herholdt / 1861 / Copenhagen, Denmark

コペンハーゲン大学図書館
閲覧スペースの調光パネル

J・D・ヘアホルト / 1861 / コペンハーゲン、デンマーク

　コペンハーゲン中心部、コペンハーゲン大学の最も古いキャンパス内にある図書館。1482年に創立されたデンマーク最古の図書館で、1989年に王立図書館の一つとなった。
　J・D・ヘアホルトによりネオゴシック様式で建てられた現在の図書館内部は、細長い吹抜けホールが中央を貫き、その両側に書架と閲覧スペースが配されている。細い鋳鉄の柱が林立し、ヴォールト天井が頭上を覆うホールは、大聖堂のような雰囲気を醸しだす。閲覧スペースに光を取り込む縦長窓には4枚に分割された調光パネルが設けられており、利用者は自身で光を調節しながら読書ができる。

1. 調光パネル　全開時
2. 中央吹抜けホール
3. 調光パネル　姿図 [O]
4. 同　半開時

オーアスタッド集合住宅　C字形テラス

ルンゴー＆トランベア設計事務所 / 2007 / コペンハーゲン、デンマーク

　オーアスタッド地区は、コペンハーゲン中心部から地下鉄で南へ10分ほどのところに位置する開発地区である。文化地区、オフィス地区、住宅地区などで構成され、建築に関しては自由度の高いデザインが許容されているため、国内外の著名な建築家による斬新な建物が数多い。
　そのような地区の中で、茶色の煉瓦を基調とするこの集合住宅は落ち着いて見えるが、南面に張りだすC字形のテラスが付加されることでユニークな風景を生みだしている。

1. テラス　姿図 [M][O]
2. 外観　正面より
3. 外観　見上げ

Ørestadshuset
Lundgaard and Tranberg Arkitekter / 2007 / Coopenhagen, Denmark

コペンハーゲンの張りだし窓

ITユニバーシティ / ヘニング・ラーセン / 2004 / コペンハーゲン、デンマーク
オーアスタッド・プライエセンター / JJW設計事務所 / 2012 / コペンハーゲン、デンマーク
ティトゲン学生寮 / ルンゴー&トランベア設計事務所 / 2006 / コペンハーゲン、デンマーク

　コペンハーゲンの現代建築には、窓やテラスなどが張りだしたものが多い。
ITユニバーシティでは、側面が開放された部屋がアトリウムに立体的に突きでており、そこから見えるアクティビティがアトリウムに活気を与えている。
　老人ホームであるプライエセンターでは、黄色や緑色などに彩られたユニークな形のテラスが中庭に向けてランダムに張りだす。高齢者の個性を大切にしたいという思いの表れとも解釈できる。
　中庭を円環状に囲むように建てられたティトゲン学生寮では、中庭側に共用キッチンやテラスなどが張りだし、学生たちのパーティーやパフォーマンス等が行われ、中庭を介して積極的にアクティビティが共有されている。

1. ITユニバーシティ　ホール
   IT University / Henning Larsen / 2004 / Coopenhagen, Denmark
2. オーアスタッド・プライエセンター　中庭からの外観
   Ørestad Plejecenter / JJW ARKITEKTER / 2012 / Copenhagen, Denmark
3. ティトゲン学生寮　中庭からの外観
   Tietgenkollegiet / Lundgaard and Tranberg Arkitekter / 2006 / Coopenhagen, Denmark

オーフス市庁舎　石とガラスが連続する立面

アルネ・ヤコブセン、エリック・メラー / 1941 / オーフス、デンマーク

　石とガラスの連続で構成されるオーフス市庁舎の外観は、全体的にはフラットな印象を受けるが、よく見ると微妙にテクスチャーの異なる石が絶妙な比例感覚でもってわずかに凹凸をつけて張り分けられていることがわかる。シンプルさの中に成熟したデザインが感じられる立面構成だ。類似の立面構成は、同年に竣工したスルロウ市庁舎にも見られる。外壁に使用されている大理石はノルウェー産で、デンマーク国立銀行（p.150）などでも用いられており、ヤコブセン好みの材料だったようである。

1. 道路側外観
2. 北側外観

Aarhus City Hall
Arne Jacobsen, Erik Møller / 1941 / Aarhus, Denmark

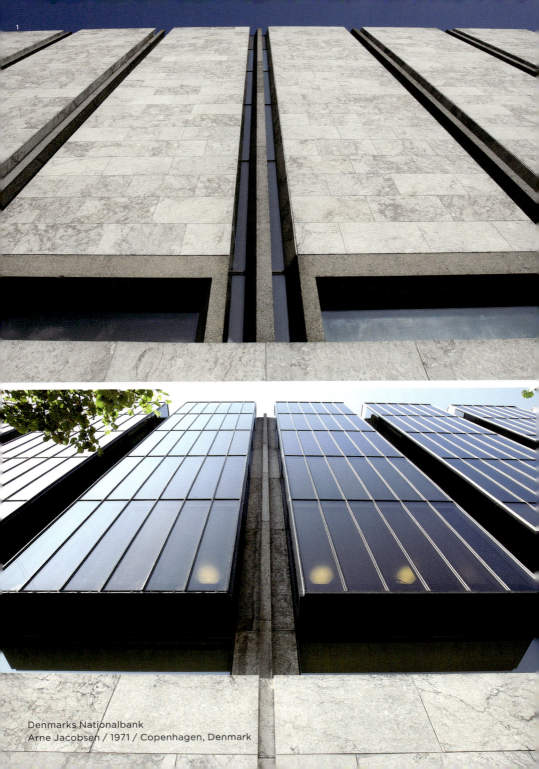

Denmarks Nationalbank
Arne Jacobsen / 1971 / Copenhagen, Denmark

デンマーク国立銀行　石とガラスの対比

アルネ・ヤコブセン / 1971 / コペンハーゲン、デンマーク

　コペンハーゲンの運河沿いに建つこの銀行は、アルネ・ヤコブセンの集大成とも言える建築であり、遺作でもある。建物は、東側の高層棟と西側の低層棟からなる。高層棟は、敷地の形状に合わせて、東・西面を底辺、北・南面を斜辺とする台形で、その形に呼応して外壁が対比的にデザインされている。東・西面では、等間隔で連続するガラスのカーテンウォールが周囲の景色を映しだす。対して北・南面では、ノルウェー産大理石の壁面が並べられ、外観全体の連続性と素材の対比がうまく表現されている。南面では、東・西面のカーテンウォール間のディテールを反転させるような形で、内部に光を導くスリットが東西方向に直交する角度で切られており、細部にまでこだわりが感じられる。

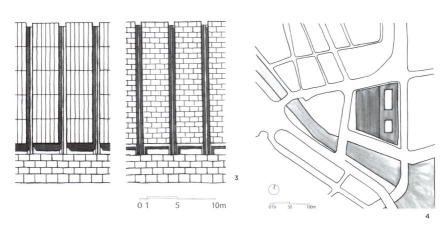

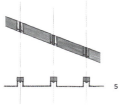

1. 石の外壁
2. ガラスの外壁
3. 立面図　2つの壁面の対比 [DK.1972.04]
4. 配置図 [DK.1980.02]
5. 平面図　2つの壁面の対比 [DK.1972.04] [O]
6. 外観

イェーテボリ裁判所増築　隣接建物との対比と融合

エリック・グンナール・アスプルンド / 1937 / イェーテボリ、スウェーデン

　エリック・グンナール・アスプルンドが28歳の時に設計を開始した建築。設計にあたっては、古典主義建築である旧市庁舎と増築部のファサードをいかに調和させるかが、大きな課題となった。その解決には実に24年もの長い歳月を要し、55歳で急逝する3年前にようやく完成している。その間、数多くの案が検討されたが、最終的には「対比と融合」というコンセプトに落ち着いた。軒の高さ、階高、色彩を旧市庁舎から受け継ぎつつ、そこにガラス、ラーメン構造、平滑な面構成といった近代的な要素を当てはめることで、そのコンセプトが実現され、「物理的な連続性」と「歴史的な連続性」が表現されている。

旧市庁舎　　　　裁判所増築

1. 立面図 [24]
2. 外観
3. ファサード　詳細

Göteborg Low Courts
Erik Gunnar Asplund / 1937 / Göteborg, Sweden

Finn Juhl's House
Finn Juhl / 1942, 1968 / Klampenborg, Denmark

フィン・ユール自邸　美しくスケールダウンする立面

フィン・ユール / 1942、1968 / クランペンボー、デンマーク

　日本では椅子のデザイナーとして著名だが、建築家でもあったフィン・ユールが、30歳の時に建てた自邸。現在は、隣接するオードロップゴー美術館の一部として一般公開されている。

　1968年には寝室を倍の大きさにする増築が行われたが、その妻面の立面構成がシンプルで美しい。大きなガラス戸は引き込み戸で、引き込み部分には同サイズのパネルが貼られており、両者で一体的なデザインが施されている。軒の出の少ない屋根のけらば（軒先）から、窓の上に妻面全体に架けられた眉庇、パネルも含めた開口部の枠組み、さらにガラス面へとスケールダウンしていく構成が、陰影とともに美しく表現されている。

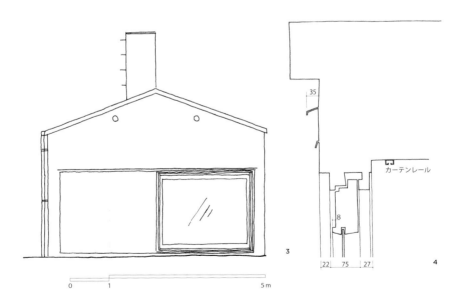

1. 妻面開口部　詳細　スケールダウンする構成
2. 妻側外観
3. 妻面立面図 [40]
4. 開口部　断面詳細図 [40][O]

Moving

大自然が広がる土地に低密度に人々が暮らす北欧には、ゆったりとした独特の時間感覚があるようだ。厳しい外部環境に対して守られた建物に足を踏み入れると、内部には心休まる空間が広がる。そこでは、時間に急かされることのない穏やかな暮らしが営まれているように感じられる。そのようなイメージは、緩やかで優雅な移行空間にも見出すことができる。
　エントランスのデザインは外観的にも空間的にも控えめなものが多いが、建物の内外の結節点として大切にデザインされている。
　階段、スロープ、廊下には、移動という機能に加えて、空間の豊かさを演出する仕掛けが付与されているものも多い。それにより、移動しながら展示や景色を楽しんだり、階段上で佇ずんだり、会話をしたりと、さまざまな行為が生まれることにつながっている。

マイレア邸　居間の階段

アルヴァ・アールト / 1939 / ノールマルック、フィンランド

　小川沿いの小高い丘の上、松の木立の中に佇むマイレア邸。内部空間には束ねた柱や素材の異なる柱がランダムに配置され、森の多様性が表現されているが、この居間の階段もその中心的な要素の一つである。

　階段は、3本のI形鋼の力桁に踏板が載る構成。踏板は松の芯材に25mm厚のブナ材を貼り、その上にカーペットが12mm径の真鍮棒でとめられている。階段の左右を65mm径の赤松の丸柱がランダムに取り囲み、有機的な曲線を描く赤松材の手すりを支える。この丸柱の上部の断面は十字形になっているが、樹幹のようなこの柱の表現は、1937年のパリ万国博覧会のフィンランド館で初めて試みられたものの発展形である。

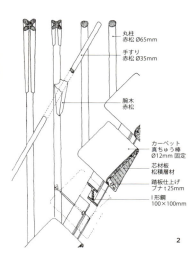

1. 上り口
2. アクソノメトリック詳細図 [64]
3. 柱と手すり
4. 柱上部の十字形
5. 側面

Villa Mairea
Alvar Aalto / 1939 / Noormarkku, Finland

SAS ロイヤルホテル　ロビーの螺旋階段

アルネ・ヤコブセン / 1960 / コペンハーゲン、デンマーク

　コペンハーゲン中央駅の近く、ガラスのカーテンウォールで構成される近代的な外観で一際目立つ SAS ロイヤルホテルは、デンマーク初の高層建築である。

　そのホテルの薄暗いロビーに舞う螺旋階段。20mm のスチールプレートを折り曲げた階段が、2 階の床からスチール棒で吊られている。ねじれながら軽やかに上昇するその姿には優美さが感じられる。

　アルネ・ヤコブセンがこのホテルのためにデザインした「エッグチェア」や「スワンチェア」が置かれ、ポール・ヘニングセンによる照明「アーティチョーク」が設えられたこのロビーでは、デンマークを代表するインテリアデザインを楽しむことができる。

SAS Royal Hotel
Arne Jacobsen / 1960 / Copenhagen, Denmark

2

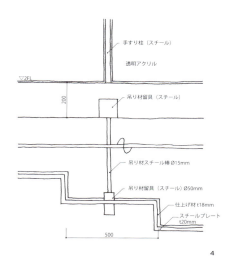

4

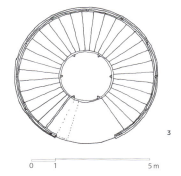

3

0　1　　　　5m

1．正面
2．平面図［34］
3．立面図［34］
4．部分詳細図［M］
5．上階より見下げ
6．側面　詳細

手すり柱（スチール）
透明アクリル
▽2FL
吊り材留具（スチール）
200
吊り材スチール棒 Ø15mm
吊り材留具（スチール）Ø50mm
仕上げ材 t18mm
スチールプレート t20mm
500

Moving　161

オーフス市庁舎　アトリウムの螺旋階段

アルネ・ヤコブセン、エリック・メラー / 1941 / オーフス、デンマーク

　オーフス市庁舎のエントランスのアトリウム（巨大な吹抜け空間）に設けられた、1階と地下をつなぐ螺旋階段。単純な円形ではなく、緩やかで美しいカーブを描きながら地階の下り口は正面に向けられている。この階段はアルネ・ヤコブセンが多用する吊り階段ではなく、踏板の中央を1本の力桁が支える形がとられている。木製の踏板は、奥が高くなる台形側面になっており、踏板が螺旋状に連続する様子が強調されている。白く塗装されたスチールの手すり子の上には真鍮製の笠木が載る。なお、ホール内の笠木はすべて真鍮で統一されている。

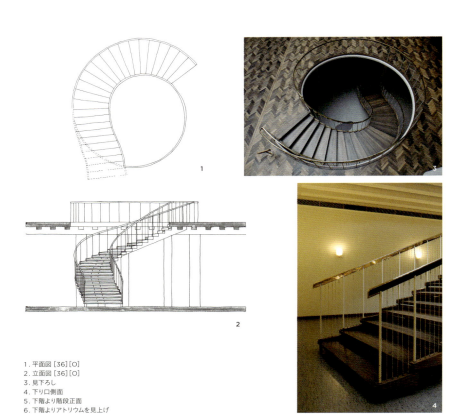

1. 平面図 [36][O]
2. 立面図 [36][O]
3. 見下ろし
4. 下リ口側面
5. 下階より階段正面
6. 下階よりアトリウムを見上げ

Aarhus City Hall
Arne Jacobsen, Erik Møller / 1941 / Aarhus, Denmark

Rødovre City Hall
Arne Jacobsen / 1956 / Rødovre, Denmark

ロドオウア市庁舎　エントランスホールの階段

アルネ・ヤコブセン / 1956 / ロドオウア、デンマーク

　ガラスのカーテンウォールの市庁舎建築。エントランスに入ると、空と緑を背景に階段が浮かぶ、明るく透明感のある階段室が目をひく。両側面が黒く塗られたスチール製のささら桁の間に踏板が載せられた階段は、赤く塗られたスチール棒によって吊られている。階段幅1200mm、蹴上180mm、踏面300mm。直角ではなくやや斜めの形状をしたささら桁により、階段の浮遊感と躍動感が強調されている。その後、この階段は、デンマーク国立銀行（1971年）の高さ約20mに及ぶエントランスホールに設置される大階段へと発展していく。

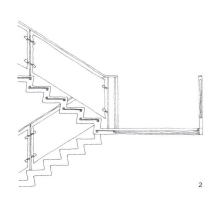

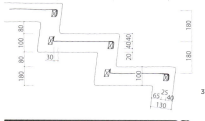

1. 側面
2. 断面図 [34][M]
3. 断面詳細図 [34][M]
4. 手すり
5. 斜めより

イェーテボリ裁判所増築　メインホールの階段

エリック・グンナール・アスプルンド / 1937 / イェーテボリ、スウェーデン

　このメインホールには二つの階段がある。一つは、入口近くに設けられた緩やかな勾配を持つ直通階段 (p.108)。もう一つは、ホールの奥、上階へとつながる時計のついた折返し階段だ。
　二つ目の階段は、ダイナミックさと繊細さを併せ持っている。踏板と蹴上は丸みを持って柔らかく連続し、膨らみのあるカーブを描く鉄製の手すり子が木製の笠木を受ける。その一方で、階段を支える構造体はダイナミックで、力桁の深い溝には濃い陰影が刻印され、強い存在感を醸しだしている。

1．平面図 [24][O]
2．立面図 [24][O]
3．ホールより見上げ
4．踊り場より2本の構造体を見る
5．2階より

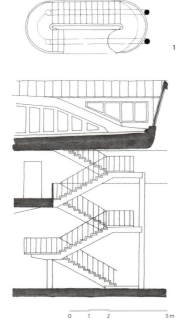

Göteborg Low Courts
Erik Gunnar Asplund / 1937 / Göteborg, Sweden

Munkegård Elementary School
Arne Jacobsen / 1957 / Dyssegård, Denmark

ムンケゴー小学校　中庭への外部階段

アルネ・ヤコブセン / 1957 / ディッセゴー、デンマーク

　この学校の西側には1層分低いレベルにグラウンドが広がっており、そこから教室の中庭につながる外部階段が設けられている。幅1080mm、蹴上130mm、踏面485mmの緩やかな階段だ。踏板は厚み約60mmのプレキャストコンクリート製で、煉瓦仕上げの擁壁からキャンチレバー（片持ち式の構造）で飛びだしている。手すりには径18mmのスチールの丸棒が使用されている。

　ふざけあいながら上り下りしたり、思い思いに腰掛けたりする子どもたちの様子を見ると、この階段が移動という機能以上の体験を与えていると実感する。

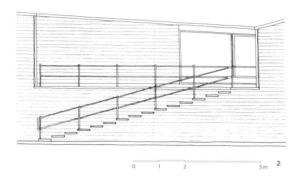

1. 斜めより全景
2. 立面図 [36]
3. 立面詳細図 [M]
4. 下り口　平面図 [36]
5. 正面より上り方向

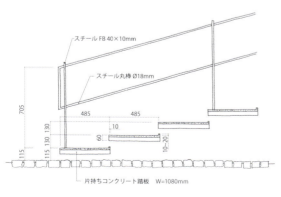

Louisiana Museum of Modern Art
Jørgen Bo, Vilhelm Wohlert / 1958-91 / Humlebæk, Denmark

ルイジアナ近代美術館　北棟 2 層ギャラリーの階段

ヨーゲン・ボ、ヴィルヘルム・ヴォラート / 1958-91 / フムレベック、デンマーク

　北棟の 2 層ギャラリーへと下りる階段側面には木製の縦ルーバーが設けられている。その上部ではルーバーが矩形に重ねあわされた部分があり、空間の重要なアクセントになっている。壁面から飛びだす踏板は、厚さ 90mm で表面に 20mm の石が貼られており、4 段目までは床からの束で支えられているが、5 段目以降は側面のルーバーにより支持される。踏面 270mm、蹴上 160mm。ルーバーが重なりあう部分は、約 30mm 突出させることで他の部分との分節化が図られている。

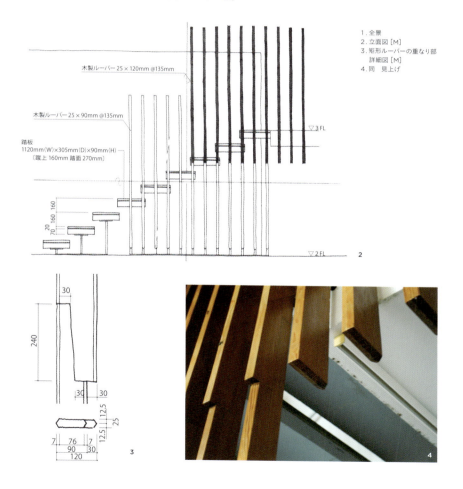

1. 全景
2. 立面図 [M]
3. 矩形ルーバーの重なり部詳細図 [M]
4. 同　見上げ

新カールズバーグ美術館　新展示室棟の段状通路
ヘニング・ラーセン / 1996 / コペンハーゲン、デンマーク

　1994年、新カールズバーグ美術館の中庭に新たな展示室を増築する設計競技が行われた。勝利したヘニング・ラーセンの案は、旧展示室に囲われた中庭の中央に新展示室群の塊をつくり、その隙間にガラス屋根を設け、両展示室棟の壁に囲まれた光あふれる空間を段状通路を昇りながら巡るというものだ。

　ラーセンのスタディスケッチを見ると、その新展示室群の塊にはエジプト神殿がイメージされているようにも見える。段状通路の幅は約3m、勾配はおよそ1/5で、踏面がわずかに斜めにされており、階段と斜路の中間的な移動装置とも言えよう。壁面および階段には、イタリア産の大理石が用いられている。

1. 断面図および平面図 [AU.1997.08]
2. 段状通路　下り方向
3. 同　最上部
4. 同　上り方向

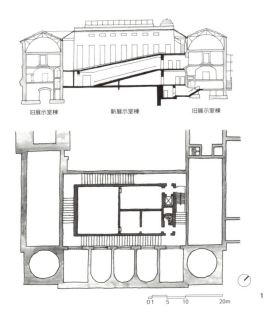

New Building in the Conservator's Court, Ny Carlsberg Glyptotek
Henning Larsen / 1996 / Copenhagen, Denmark

Säynätsalo Town Hall
Alvar Aalto / 1952 / Jyväskylä, Finland

サウナッツァロの村役場　芝生の外部階段

アルヴァ・アールト / 1952 / ユヴァスキュラ、フィンランド

　アルヴァ・アールトが赤い煉瓦を多用していた「赤の時代」の代表作。ユヴァスキュラ近郊の小さな島の村役場で、行政機能の諸室のほか、図書室、数室のゲストハウスなどで構成される。

　地盤面から建物1層分持ち上がったところに、噴水のある中庭が設けられている。中庭はコの字型の棟と矩形の棟に囲まれ、その間に二つの階段がある。一つは、メインで使用される石張りの直通階段。もう一つは土を板で堰止めただけの無造作な芝面の階段で、等高線を描くように地盤面へと広がっていく特徴的な形をしている。

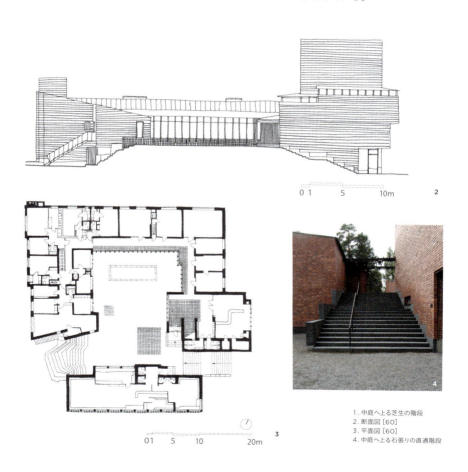

1. 中庭へ上る芝生の階段
2. 断面図 [60]
3. 平面図 [60]
4. 中庭へ上る石張りの直通階段

Moving

アスプルンドの夏の家　外部階段

エリック・グンナール・アスプルンド / 1937 / ソールンダ、スウェーデン

　エリック・グンナール・アスプルンドの夏の家は、二つの棟を7度ずらして組みあわせることで構成されている。ダイニングルームから裏庭へと続く青色の木製階段は、そのずれを基準につくられている（p.196、平面図参照）。階段幅約1m、蹴上165mm、踏面240mm。この階段で興味深い点は、踏板と踊り場の部材が側壁から飛びだすことで階段のつくられ方が壁面に現れていることだ。自邸ゆえか、そのようなアスプルンドのほどよくリラックスした設計姿勢が随所に感じられる素朴な建築である。

1. 正面より上り方向
2. 立面詳細図 [M]
3. 側面　詳細
4. 後方より全景

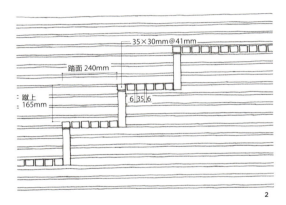

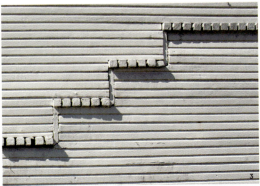

Asplund's Summer House
Erik Gunnar Asplund / 1937 / Sorunda, Sweden

フィン・ユール自邸　2棟をつなぐガーデンルーム

フィン・ユール / 1942、1968 / クランペンボー、デンマーク

　フィン・ユールの自邸は、二つの棟とそれをつなぐ部分で構成される。二つの棟には70cmのレベル差があり、つなぎの空間であるガーデンルームにおいて、4段の階段で接続されている。階段脇のベンチ・ソファーは庭を楽しむには格好の場だ。

　ガーデンルームの天井は、ペンキで塗られた他の部屋とは異なり、唯一木製で仕上げられている。等幅の板が増築部に向かって連続し、空間を分けるガラス棚に吸い込まれ、その天板へと変貌する。そして、天板の幅広の板材は両側面に降りてきて門形を形成し、棟の接合部を隠すとともに、ここから空間が変わることを明示する役割も果たす。これらの要素が一体となり、2棟間の移行空間が絶妙に演出されている。

1. 断面図 [40]
2. 平面図 [40]
3. 段下よりガラス棚方向を望む
4. 段上の増築部より

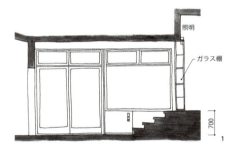

Finn Juhl's House
Finn Juhl / 1942, 1968 / Klampenborg, Denmark

Radio House
Vilhelm Lauritzen / 1945 / Copenhagen, Denmark

ラジオハウス　エントランスの回転ドア

ヴィルヘルム・ラウリッツェン / 1945 / コペンハーゲン、デンマーク

　デンマークのモダニズムの基礎を築いた建築家ヴィルヘルム・ラウリッツェン設計のデンマーク放送局（2009年よりデンマーク王立音楽学校が使用）。外観は幾何学的で透明感あふれる機能主義的な建築であるが、内部で随所に見られる人間的で温かみのある素材や形の扱い方にデンマークのモダニズムの特徴が感じられる。

　エントランスにある一対の回転ドアへは、道路へと張りだした長いキャノピー（玄関庇）によって導かれる。キャノピー上部から射し込む光が、回転ドアを強調しつつ、革張りの天井のテクスチャーを露わにする。心地よいスケール感、落ち着いた素材と色彩の構成など、成熟した質の高いデザインが施されている。

1．内観
2．正面内観
3．正面外観
4．展開図 [M]
5．キャノピー

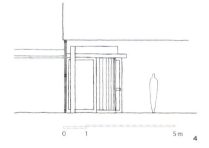

Moving　183

Denmarks Nationalbank
Arne Jacobsen / 1971 / Copenhagen, Denmark

デンマーク国立銀行　エントランス

アルネ・ヤコブセン / 1971 / コペンハーゲン、デンマーク

　デンマーク国立銀行の建物を取り囲むノルウェー産大理石の分厚い壁。運河に面する南側の壁面に小さなエントランスが設けられているが、そのデザインがとても洗練されている。

　エントランス上部には、絶妙なプロポーションで横長のガラス庇が突きだしている。そのフレームや吊り材は、上部背後の外壁に斜めに刻まれたスリットの角度と一致しており、それらの影が不思議な印象を醸しだす。庇のガラスにダウンライトが直接組み込まれているのも面白い。ドアの右手には、ポスト、カメラ、インターフォンなどの複合装置が設けられ、そのユニークな形状がファサードに愛らしさを付け加えている。

1. 入口
2. カメラ機能等のある複合装置
3. 同　姿図 [M]
4. 断面図 [34][O]
5. 全景

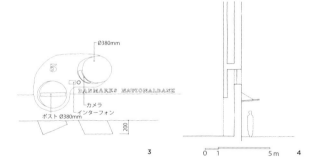

ハーランダ教会　木格子の風除室

ペーター・セルシング / 1959 / イェーテボリ、スウェーデン

　イェーテボリ市内の住宅街の小高い場所に建つ教会。鐘楼、礼拝堂、執務棟により、美しいランドスケープが構成されている。

　開口部が限られた煉瓦造の礼拝堂では闇が支配的だが、そこに射し込む光は空間に生命力を与える。入口に設けられた木格子の風除室により紡ぎだされる光と影のパターンは堂内で刻々と変化していき、やがて夕刻になると金色の光が祭壇まで到達する特別な瞬間が訪れる。約 2.5m × 1.5m の小さな風除室だが、空間の印象を一変させるほど大きな効果を生みだしている。

1. 木格子の風除室　詳細
2. 平面図 [30]
3. 断面図 [30]
4. 内部より全景
5. 正面外観
6. 風除室から射し込む夕刻の光

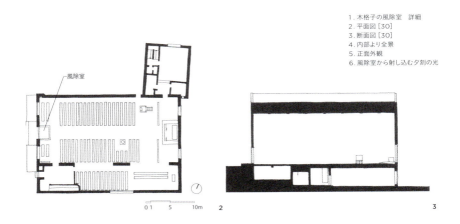

Touching and Warming

寒冷な地域において、硬く冷たい印象を与えるデザインは、快適性を大きく損なうことにつながる。北欧の建築では、扉の取っ手、手摺の笠木などに温かみのある素材が用いられ、掴んだ感触の柔らかなものが多い。建築家の優しい心遣いが感じられるデザインだ。
　また、北欧の生活において、暖をとることは非常に重要な行為である。近代になると、住宅においては温水ラジエーターなどが暖房設備の主流になるが、現在でも住宅の多くに暖炉が設えられている。住宅の中心とも言える暖炉に人が集まり、共に火を眺めることは、部屋を暖めること以上に大きな意味を持つ。
　北欧では、暖炉は冬に限ったものではない。夏に火を焚くことも多く、屋外の暖炉もよく用いられる。太陽の恩恵に感謝し、夏至にかがり火を焚く祭は、北欧に古くからある重要な行事である。
　そして、暖をとるもう一つの手段がサウナだ。サウナも暖まったり疲れをとるだけでなく、人とコミュニケーションを交わす場所でもあり、かつては出産や葬儀、治癒などにも使われた神聖な空間でもあった。
　北欧の地で、暖をとる行為は、共同体や文化の形成などに大きな影響を与えてきた。

アルヴァ・アールトの取っ手

マイレア邸 / アルヴァ・アールト / 1939 / ノールマルック、フィンランド
ヴォクセンニスカ教会 / アルヴァ・アールト / 1958 / イマトラ、フィンランド
サウナッツァロの村役場 / アルヴァ・アールト / 1952 / ユヴァスキュラ、フィンランド

　アルヴァ・アールトは、近代建築の巨匠たちが数多くデザインした鉄製の椅子に対して、日常的に接するものとして、触れた時の冷たさ、音の反射、眩しさといった点を問題視し、木製の椅子の開発に力を注いだ。
　扉の取っ手においても、同様にこだわりを持ってデザインしている。掴んだ時の感触、扉を開ける時の動きや開けやすさなどを十分に考慮した素材使いやディテールは、視覚的にも美しく、柔らかい印象を与える。

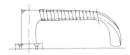

1. マイレア邸　室内扉の取っ手　姿図 [57]
   Villa Mairea / Alvar Aalto / 1939 / Noormarkku, Finland
2. 同　玄関扉の取っ手
3. ヴォクセンニスカ教会　玄関扉の取っ手
   Vuoksenniska Church / Alvar Aalto / 1958 / Imatra, Finland
4. サウナッツァロの村役場　玄関扉の取っ手
   Säynätsalo Town Hall / Alvar Aalto / 1952 / Jyväskylä, Finland
5. 同　執務室扉の取っ手

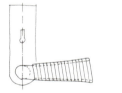

エリック・グンナール・アスプルンドの取っ手

森の礼拝堂／エリック・グンナール・アスプルンド／1920／ストックホルム、スウェーデン
森の火葬場／エリック・グンナール・アスプルンド／1940／ストックホルム、スウェーデン
アスプルンドの夏の家／エリック・グンナール・アスプルンド／1937／ソールンダ、スウェーデン

　20世紀初頭から活躍した北欧の建築家たちは、ナショナル・ロマンティシズム、新古典主義、機能主義と目まぐるしくスタイルが変化した時代を生き抜いている。エリック・グンナール・アスプルンドもその1人だ。

　アスプルンドの取っ手も、建築の種類やスタイルとともに多様である。森の礼拝堂の取っ手には、生と死の物語が表現されている。森の火葬場の取っ手はシンプルで機能的だ。そして、夏の家の取っ手には大らかさと愛らしさが感じられる。

1．森の礼拝堂　玄関扉の取っ手
　　The Woodland Chapel／Erik Gunnar Asplund／1920／Stockholm, Sweden
2-3．森の火葬場　扉の取っ手
　　The Woodland Cemetery／Erik Gunnar Asplund／1940／Stockholm, Sweden
4．アスプルンドの夏の家　食事室　戸棚扉の取っ手
　　Asplund's Summer House／Erik Gunnar Asplund／1937／Sorunda, Sweden

アスプルンドの夏の家　階段脇の丸みのある暖炉

エリック・グンナール・アスプルンド / 1937 / ソールンダ、スウェーデン

　エリック・グンナール・アスプルンドの夏の家には、居間へとつながる4段の階段脇に、大きく口を開いた独特な丸みを帯びた暖炉が据えつけられている。階段および前後の踊り場を含む、幅約3m、奥行き約3mの煉瓦造のスペースは、玄関からの動線とテラスからの動線が交わる場であり、居間への導入部でもある。この踊り場に椅子を並べて、あるいは階段に座って、暖炉を囲む。厳しい寒さが続く冬の間、この煉瓦造のスペースは住宅の中心となる。

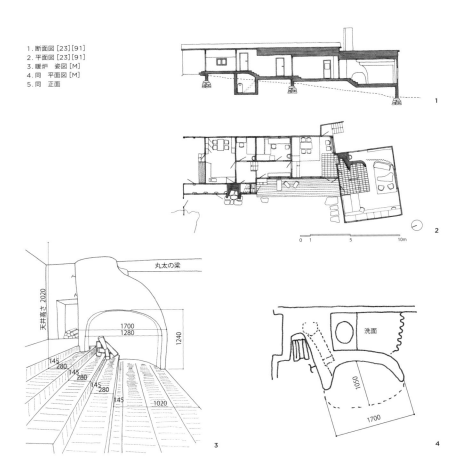

1. 断面図 [23][91]
2. 平面図 [23][91]
3. 暖炉　姿図 [M]
4. 同　平面図 [M]
5. 同　正面

Asplund's Summer House
Erik Gunnar Asplund / 1937 / Sorunda, Sweden

Villa Mairea
Alvar Aalto / 1939 / Noormarkku, Finland

マイレア邸　自由曲線で削られた暖炉

アルヴァ・アールト / 1939 / ノールマルック、フィンランド

　マイレア邸の居間には、フィンランドの伝統的な農家「トゥパ」をモデルとした隅切りの白い暖炉が据えられ、存在感を示している。暖炉の窓際の面はアルヴァ・アールトの遊び心が感じられる自由な曲線で削られており、射し込む光によってその形が浮かび上がる。同様の暖炉は、後にコッコネン邸（1969年）においても見ることができる。マイレア邸には、この暖炉のほかに、主屋とサウナをつなぐ外部通路と2階のアトリエの2カ所に暖炉が設けられている。

1. 居間の暖炉　自由曲線で削られた暖炉の壁
2. 同　玄関ホールより望む
3. 外部通路の暖炉
4. 2階アトリエの暖炉

ムーラッツァロの実験住宅　スモークサウナ

アルヴァ・アールト / 1955 / ユヴァスキュラ、フィンランド

　アルヴァ・アールトのサマーハウスである実験住宅（p.120）の竣工から2年後に完成したスモークサウナ。住宅から森の小道を30mほど歩いたパイヤンネ湖畔に建つ。

　伝統的なログハウス形式に基づいてつくられ、屋根に自然な勾配をつけるために、丸太の細くなる側を一律に後方へ向け、壁が組み上げられている。一方、実験的な試みも行われ、基礎をつくらず敷地にある岩を基礎に用いたことで、平面形は不整形な台形になっている。その斜めの外壁と対称の位置に内壁を設けることで、末広がりの形の浴室が生まれた。アールトはそれを「世界で最も小さなアンフィシアター（階段状の劇場等）」と呼んだそうだ。薄暗い浴室の小さな開口部からは、湖を望むことができる。

1．外観
2．断面図 [53]
3．平面図 [59]
4．浴室

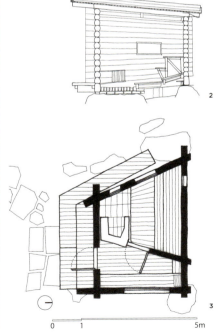

Smoke Sauna for Experimental House in Muuratsalo
Alvar Aalto / 1955 / Jyväskylä, Finland

Green and Water

豊かな森と水をはじめとして、美しい大自然が広がる北欧。そこに生きる人々は、その恩恵をうける一方で、時に逆らうことができないほどに厳しい環境を受け入れながら、森や水と共に生きてきた。
　そのような北欧では、建築も大自然の中に抗うことなく佇むように建てられることが多い。そして、緑や水の扱い方にも、その置かれた環境に応じた特色が見られる。
　緑に関しては、蔦で建物を覆ったり、窓辺にプランターボックスを設えたり、幾何学的に植栽したりと、その扱いは細やかだ。建築家によって手なずけられた緑が、建築やインテリアにうまく取り入れられており、それらが北欧建築に特有の柔らかさや優しさを生み出すことにも大きく寄与している。そこで見られる温厚な緑の表情は、大自然の厳しさとは対照的だ。
　一方、寒さの厳しい北欧においては、水を無防備に建築に取り入れることは望ましくない。そのため、中庭やアトリウムといった外部から守られた空間に水盤や水路、噴水などが設けられることが多い。乾いた空間に潤いを与えつつ、静けさの中で水のせせらぎを楽しむことができるなど、効果的な水の扱い方と言えるだろう。そして、もう一つ忘れてはならないのが、フィンランドのアイデンティティとも言えるサウナ。入浴後に体を冷ますために設けられるプールも、北欧ならではの水の扱い方として見逃せない建築要素の一つである。

Main Hall, Aarhus University
C.F. Møller, Kay Fisker, Povl Stegmann / 1943 / Aarhus, Denmark

オーフス大学　蔦が覆うメインホールとパーゴラ

C・F・メラー、カイ・フィスカー、パウル・ステーグマン / 1943 / オーフス、デンマーク

　「美しい大学」の世界ランキングで上位に挙げられることも多いオーフス大学。伝統的な赤茶色の屋根が並ぶ地域で、キャンパス内の建物の屋根をあえて黄色くすることで新たな景観を生みだしている。計画当初には住民から批判を受けたこの色合いも、今では地域のアイデンティティとして認知されている。

　豊かなランドスケープが広がるキャンパス内で、緩やかな芝生の斜面に突きだすように建つメインホールとパーゴラ（緑廊）には蔦が這い、特に美しい景観をつくりだしている。なお、このメインホールのためにポール・ヘニングセンが「PH スパイラル」という照明器具をデザインしており、現在でもオリジナルの姿を見ることができる。

1. 蔦が這うメインホール
2. ホワイエ
3. ポール・ヘニングセンによる PH スパイラルが吊り下がるメインホール
4. パーゴラとメインホール

Green and Water

VMマウンテン　テラスのプランターボックス

ビャーケ・インゲルス・グループ（BIG）／2008／コペンハーゲン、デンマーク

　コペンハーゲン南部、オーアスタッド地区に建設された階段状の集合住宅。この建物は、見る方向によって姿が大きく変化する。北面はエベレスト山の写真が転写されたアルミニウムシートで覆われ、人工的な外観を呈している。それに対し、南面は緑豊かで温かみのある表情を見せる。階段状に構成される各住戸には木製のテラスが配され、屋根上部には木枠で囲まれたプランターボックスがうねりながら全戸を連続するように巡っている。住戸からは緑越しに、南に広がる古い住宅街を望むことができる。

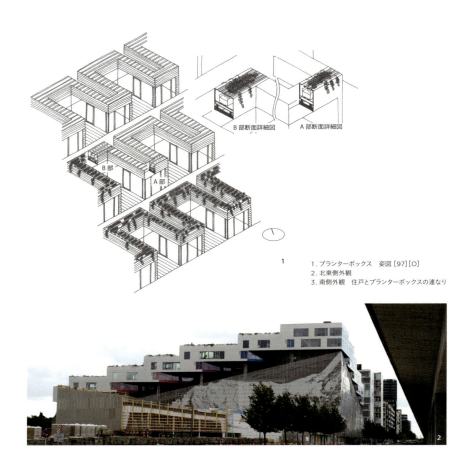

1. プランターボックス　姿図［97］［O］
2. 北東側外観
3. 南側外観　住戸とプランターボックスの連なり

VM Mountain
Bjarke Ingels Group (BIG) / 2008 / Copenhagen, Denmark

モースゴー先史博物館　芝生の大斜面屋根
ヘニング・ラーセン設計事務所 / 2014 / ホイビヤ、デンマーク

　デンマークの国土は平坦で、一番高い地点の標高はわずか171mだ。それゆえ、デンマーク人には高いところへの憧れがあるのかもしれない。博物館の屋根でもある芝生の大斜面を、皆が思い思いに楽しげな様子で登っている。雪の日には、市内で一番人気のそりの滑走場にもなるそうだ。屋根からは、周囲の森そして海へと続く眺望を楽しむことができる。博物館内部は屋根に沿って3層で構成されており、各層が大階段で結ばれている。

1. 外観
2. 屋根からの眺望
3. 断面図 [102]
4. 内部の大階段

Moesgård Museum
Henning Larsen Architects / 2014 / Højbjerg, Denmark

Green and Water 209

Denmarks Nationalbank
Arne Jacobsen / 1971 / Copenhagen, Denmark

デンマーク国立銀行　緑のデザイン

アルネ・ヤコブセン / 1971 / コペンハーゲン、デンマーク

　アルネ・ヤコブセンは、「生まれ変わるなら庭師になりたい」と語るほど緑を好んでいたという。デンマーク国立銀行にも多くの緑を配しているが、その扱い方はとても特徴的だ。

　営業室のホールには、トップライトを持つ背の高いガラスケースが分散して置かれ、その中にさまざまな植物がいろいろな高さに吊り下げられている。喫煙室の壁面に設けられたガラスケースにも、金色の壁面を背景に植物が吊られ、上部から自然光が降り注ぐ。幾何学的な植栽計画がなされた屋上は、さながら日本の枯山水庭園のようだ。敷地を囲う外壁の周囲にも、緑と水により歩行空間が演出されている。いずれも庭師に憧れたヤコブセンにより手なずけられた緑と言えよう。

1 . 営業室　ガラスケースに入った植物
2 . 屋上　幾何学的に植えられた植栽
3 . 外壁周囲の歩行空間
4 . 喫煙室　ガラスケースに入った植物

アルヴァ・アールトの緑の扱い

アールトハウス / アルヴァ・アールト / 1936 / ヘルシンキ、フィンランド
サウナッツァロの村役場 / アルヴァ・アールト / 1952 / ユヴァスキュラ、フィンランド
マイレア邸 / アルヴァ・アールト / 1939 / ノールマルック、フィンランド

　アルヴァ・アールトは、緑を効果的に扱う建築家だ。各作品に応じて、蔦を這わせるための支柱や格子、窓辺のプランターボックスなど、緑の成長を考慮に入れたきめ細かなデザインを行っている。スタディスケッチに植物が描きこまれることも多い。
　「日本文化における花や動物や自然素材を愛でる精神こそが、一つの模範である。自然との触れあいや、その風情のある変化を味わい楽しむ暮らしは、形式主義的すぎる観念とは決して相容れない生活様式である」と語るアールト。緑の扱いについては、日本からの影響がうかがえる。

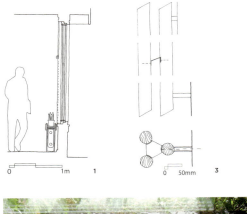

1. アールトハウス　窓の高さに合わせたプランターボックス　断面図 [51][M]
   Aalto House in Munkkiniemi / Alvar Aalto / 1936 / Helsinki, Finland
2. 同　窓の高さに合わせたプランターボックス
3. サウナッツァロの村役場　蔦を這わせる支柱　姿図 [60]
   Säynätsalo Town Hall / Alvar Aalto / 1952 / Jyväskylä, Finland
4. 同　蔦を這わせる支柱
5. マイレア邸　ウインターガーデン　蔦を這わせる格子
   Villa Mairea / Alvar Aalto / 1939 / Noormarkku, Finland

セルゲル広場　水中のスカイライト

ダーヴィド・ヘルデン / 1960 / ストックホルム、スウェーデン

　ペーター・セルシング設計のカルチャーセンター（1974年）などに囲まれるセルゲル広場は、ストックホルム新市街のランドマークとも言える場所だ。広場は立体的に構成されており、街路レベルには中央にガラスの塔がそびえ立つ円形の噴水池があり、その下は多くの人々が行き交う活気あふれるショッピングモールになっている。
　池の水中に設けられた円形のスカイライトを通して、日中は水で揺らめく自然光がモールに降り注ぐ。一方、夜間にはスカイライトから放たれる人工光がモールと水面を彩り、日中とは異なる表情を見せる。

1. 夜間の広場
2. 昼間、スカイライトに映る水の揺らぎ
3. 夜間、スカイライトを照らす色付きの光
4. 噴水池と水中のスカイライト
5. ショッピングモールとスカイライト

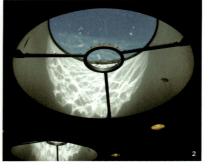

Sergel's Square
David Hellden / 1960 / Stockholm, Sweden

Bornholm Art Museum
Fogh and Følner / 2003 / Bornholm, Denmark

ボーンホルム美術館　ホールを巡る水路

フォー＆フルナー / 2003 / ボーンホルム島、デンマーク

　海に面する斜面に建つこの美術館では、敷地の勾配に合わせて展示室が3層に配置されている。分散する展示室同士の隙間はガラス屋根が架けられたホールで、柔らかい自然光が降り注ぐ。このホールには水路が設けられており、来館者は水の流れに導かれながら展示室を巡る。最上階のエントランスには、スポットライトによりおぼろげに浮かび上がる水路の始点。そこから湧きだす水は、階段の端部を流れ落ち、フロアを横切りながらさらに下階へ、そして海に向けて姿を消していく。

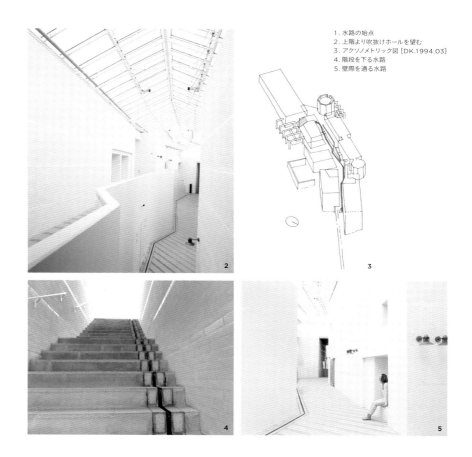

1. 水路の始点
2. 上階より吹抜けホールを望む
3. アクソノメトリック図 [DK.1994.03]
4. 階段を下る水路
5. 壁際を通る水路

アスプルンドとアールトの雨水処理

アスプルンドの夏の家 / エリック・グンナール・アスプルンド / 1937 / ソールンダ、スウェーデン
マイレア邸 / アルヴァ・アールト / 1939 / ノールマルック、フィンランド

　屋根からの雨水をいかに処理するか、そこにも建築家の個性が現れる。
　エリック・グンナール・アスプルンドの夏の家では、横樋からまっすぐに落とされた縦樋の下に木桶が置かれ、雨水を貯めるようになっている。植物への散水や掃除などに利用していたのであろう。
　アルヴァ・アールトのマイレア邸は日本建築からの影響が随所に感じられるが、それは雨水処理にも見られる。縦樋を設けず、くり抜いた丸太を半分に割った横樋が外に飛びだし、開放された端部から雨水が落ちる。桂離宮などでも見られる手法だ。

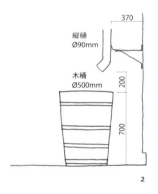

1．アスプルンドの夏の家　雨樋と雨受け［M］
　　Asplund's Summer House / Erik Gunnar Asplund / 1937 / Sorunda, Sweden
2．同　雨樋と雨受け　姿図
3．マイレア邸　雨樋　姿図［57］
　　Villa Mairea / Alvar Aalto / 1939 / Noormarkku, Finland
4．同　雨樋

アルヴァ・アールトの水の扱い

サウナッツァロの村役場 / アルヴァ・アールト / 1952 / ユヴァスキュラ、フィンランド
ラウタ・タロ / アルヴァ・アールト / 1955 / ヘルシンキ、フィンランド
コッコネン邸 / アルヴァ・アールト / 1969 / ヤルヴェンパー、フィンランド
マイレア邸 / アルヴァ・アールト / 1939 / ノールマルック、フィンランド

　北欧には、冬の厳しい気候がその要因だろうか、水を積極的に用いた建築は少ないように感じる。アルヴァ・アールトにも水を取り入れた建築はそう多くはないが、その水の扱い方には二つの特徴が見られる。一つは、イタリア的とも言えるような、中庭やアトリウムに空間の焦点となる池や水盤を設ける方法。もう一つは、サウナで温まった体を冷ますためのプールである。前者の形が幾何学的であるのに対して、後者は湖の形のように有機的で、その形態は対照的だ。

1. サウナッツァロの村役場　中庭の池と噴水
   Säynätsalo Town Hall / Alvar Aalto / 1952 / Jyväskylä, Finland
2. ラウタ・タロ　アトリウムの水盤
   Rautatalo / Alvar Aalto / 1955 / Helsinki, Finland
3. コッコネン邸　庭のプール
   Villa Kokkonen / Alvar Aalto / 1969 / Jarvenpaa, Finland
4. マイレア邸　庭のプール
   Villa Mairea / Alvar Aalto / 1939 / Noormarkku, Finland

Green and Water

資料編　Appendix

北欧の代表的な建築家
Nordic Architects

本書に登場した各国の主要な建築家について、戦前生まれの建築家を中心に紹介する。出身校、師事、協働、職歴などにおいて関連が見られることも多いため、それらについても留意しながらまとめている。

SWEDEN

■ラグナール・エストベリ
　Ragnar Östberg　1866-1945

1866年、ストックホルム生まれ。1888年ストックホルム工科大学、1891年スウェーデン王立芸術アカデミー卒業。スウェーデンのナショナル・ロマンティシズムを牽引した中心的人物として、エリック・グンナール・アスプルンドなど後進の建築家に大きな影響を及ぼした。代表作のストックホルム市庁舎（1923年、p.10）は、ナショナル・ロマンティシズムの記念碑的建築である。その他の作品として、ストックホルム市内には工業センター（1930年）、海事歴史博物館（1934年）、カルマァルの学校（1933年）などがある。

■エリック・グンナール・アスプルンド
　Erik Gunnar Asplund　1885-1940

アルヴァ・アールト、アルネ・ヤコブセンをはじめとして20世紀に活躍する北欧各国の建築家たちに多大な影響を与えることで、北欧近代建築の礎を築いた建築家。1885年、ストックホルム生まれ。ストックホルム工科大学で学んだ後、友人らと私設学校クララ・スクールを設立。ラグナール・エストベリ、カール・ヴェストマンらを教授陣に迎え、指導を受けた。ストックホルム南墓地の国際コンペティション（1915年）において、シーグルド・レヴェレンツとの共同設計による応募作が一等を獲得。その後、没するまで設計に携わり、死後の1940年に完成した森の墓地（森の火葬場）は彼の代表作となる（1994年にユネスコ世界遺産に登録）。その間、ストックホルム市立図書館（1928年、p.14）、ストックホルム万国博覧会会場（1930年）、イェーテボリ裁判所増築（1937年、p.108、152、168）などを設計。大学卒業を控えた若きアルヴァ・アールトが、敬愛するアスプルンドを慕い、事務所への入所を申し出たものの、空きがなく叶わなかったというエピソードが残っている。

■シーグルド・レヴェレンツ
　Sigurd Lewerentz　1885-1975

エリック・グンナール・アスプルンドと同じ1985年、スウェーデン北東部のヴェステルノールランドに生まれる。1905年から08年にかけてイェーテボリにあるチャルマース工科大学で学ぶ。1911年、ストックホルムに事務所を開設。アスプルンドと共同で設計を手がけた森の墓地では、1934年にプロジェクトから外れるまでに、新古典主義様式に則った復活の礼拝堂（1925年）を設計。アスプルンドが主任建築家を務めたストックホルム万国博覧会会場（1930年）で設計した自作の出来に失望し、しばらく設計活動から距離を置くが、晩年に復帰。聖マーク教会（1960年、p.86）、聖ペーター教会（1966年、p.132）、1969年まで関わったマルメ東部墓地などの名作を残している。

■ラルフ・アースキン
　Ralph Erskine　1914-2005

イギリスとスウェーデンで活動した建築家・都市計画家。1914年、ロンドン生まれ。1932年から37年にかけてロンドンのリジェント・ストリート技術専門学校で学んだ後スウェーデンに渡り、1945年にスウェーデン王立芸術アカデミー大学院を修了。スウェーデンでは、ストックホルムなどの都市計画や、キルナの集合住宅地といった都市型住宅のプロジェクトを手がける一方、ストックホルム大学の図書館などの諸施設（1981～96年、p.52）、ストックホルム・シティ・ターミナル（1989年）などを設計、寒冷地の気候風土に適した建築づくりを目指した。イギリスでの代表作には、ベイカーの集合住宅地（1969～81年）、ジ・アーク（1991年）など。

■ペーター・セルシング
　Peter Celsing　1920-74

1920年、ストックホルム生まれ。1943年、スウェーデン王立工科大学卒業。ハーランダ教会（1959年、p.186）、聖トーマス教会（1959年）、ナクスタ教会（1969年、p.134）などの教会建築や住宅を数多く設計。晩年には、ストックホルムのフィルムセンター（1970年）、文化センター（1973年）、スウェーデン銀行（1976年）などの大きな建物も手がけている。

■ヨハン・セルシング
　Johan Celsing　1955-

1955年、ストックホルム生まれ。父は建築家のペーター・セルシング。1981年にストックホルム王立工科大学を卒業後、カール・ニレン、ベング・リンドルースの事務所を経て1985年に事務所を設立。代表作に、ミレスガーデンギャラリー（1999年、p.48）、オースタ教会（2008年）など。2013年には、森の墓地の敷地内に、2009年の設計競技により選ばれた新しい火葬場が竣工している。

DENMARK

■ヴィルヘルム・ラウリッツェン
Vilhelm Lauritzen　1894-1984

デンマーク機能主義建築の先駆者と言われる建築家。1894年、コペンハーゲンより南西約100kmの街スラゲルセに生まれる。1921年にデンマーク王立アカデミーを卒業後、1928年に事務所を設立。バウハウスをはじめとする機能主義建築の思想に影響を受け、生涯を通じて「建築は応用芸術である」という考えを実践した。代表作に、ラジオハウス（1945年、p.182）、コペンハーゲン空港のターミナル39（1939年）など。家具や照明器具なども数多くデザインしており、ルイスポールセン社から発売もされている。

■アルネ・ヤコブセン
Arne Jacobsen　1902-71

1902年、コペンハーゲン生まれ。1927年、デンマーク王立アカデミー卒業。アントチェア、スワンチェア、エッグチェア、セブンチェアなどの家具デザイナーとしても有名だが、集合住宅、学校、市庁舎、ホテル、銀行など数多くの建物も設計しており、デンマークの近代建築を推進した建築家としても知られる。代表作に、エリック・メラーと共同で設計したオーフス市庁舎（1941年、p.18、148、162）、ムンケゴー小学校（1957年、p.74、170）、SASロイヤルホテル（1960年、p.160）、デンマーク国立銀行（1971年、p.150、184、210）など。

■フィン・ユール
Finn Juhl　1912-89

1912年、コペンハーゲン生まれ。1934年、デンマーク王立芸術アカデミー卒業。1935年よりヴィルヘルム・ラウリッツェンの事務所に勤務し、ラジオハウス（1945年、p.182）の設計にも携わった。1945年に事務所を設立。ニューヨークの国連ビル信託統治理事会会議場のインテリア設計（1951年）の評価により本国での知名度が上がった。代表作にフィン・ユール自邸（1942年、1968年、p.154、180）。ペリカンチェア、チーフティンチェアなどの家具デザイナーとしても有名。

■ヨーン・ウッツォン
Jørn Utzon　1918-2008

シドニー・オペラハウス（1973年）の設計者として有名な建築家。1918年、コペンハーゲン生まれ。1942年、デンマーク王立芸術アカデミー卒業。スティーン・アイラー・ラスムッセンに師事。1945年には、1ヶ月ほどだがアルヴァ・アールト事務所にも勤務している。1949年、渡米。1950年、事務所設立。シドニー・オペラハウスのほかに、キンゴーハウス（1960年）、バウスヴェア教会（1976年、p.84）、自邸であるキャン・フェリス（1995年）などの代表作がある。

■ヘニング・ラーセン
Henning Larsen　1925-2013

1925年、デンマーク西部の街オブスンに生まれる。1950年にコペンハーゲン王立美術アカデミーを卒業後、ロンドンのAAスクール、ボストンのマサチューセッツ工科大学で学ぶ。1952〜53年アルネ・ヤコブセン事務所、1958年ヨーン・ウッツォン事務所勤務を経て、1959年に事務所を開設。デンマーク国内に留まらず、世界中のコンペティションや大プロジェクトを扱う組織事務所として活動。代表作に、エンケホイ教会（1994年、p.32）、新カールスパーグ美術館新展示室棟（1996年、p.174）、マルメ市立図書館（1997年）、ITユニバーシティ（2004年、p.146）、モースゴー先史博物館（2014年、p.208）など。

■フォー＆フルナー
Johan Fogh　1947-
Per Følner　1945-

1947年コペンハーゲン生まれのヨハン・フォーと1945年コペンハーゲン生まれのペア・フォルナーが1976年に設立した事務所。ともに、1970年にデンマーク王立芸術アカデミーを卒業。代表作に、ヘレロップ教区センター（1989年）、エーエダル教会（1990年）、フレデリクスボー美術館（1993年）、トーンビア教会、1994年）、ボーンホルム美術館（2003年、p.140、216）など。

FINLAND

■エリック・ブリュッグマン
Erik Bryggman　1891-1955

1891年、フィンランド南西部の街トゥルクに生まれる。1916年、ヘルシンキ工科大学卒業。ヘルシンキでいくつかの設計事務所に勤務した後、1923年にトゥルクに事務所を開設し、拠点として活動を開始。アールトがトゥルクに事務所を構えていた間に共同で設計を行っており、トゥルク700年祭の展示会場（1929年）はその作品の一つ。アールト最大のライバル的存在とも言われた。代表作であるトゥルクの復活礼拝堂（1941年、p.114）は北欧のロマンティシズムがこの上なく表現された名作で、フィンランドで最も美しい建築とも言われる。

■アルヴァ・アールト
Alvar Aalto　1898-1976

20世紀を代表する世界的な建築家、都市計画家、デザイナー。その活動は、建築から家具、ガラス食器などの日用品のデザインに至るまで多岐にわたる。1898年、フィンランド西部の街クオルタネに生まれ、中部の都市ユヴァスキュラで少年時代を過ごす。1921年に

ヘルシンキ工科大学を卒業後、1923年に事務所設立。近代建築の発展期において、多くの建築家がインターナショナルな方向に向かうなか、フィンランドでの活動を中心に据え、風土に根ざした建築を目指した点で、近代建築史上では特異な存在とも言える。初期の古典主義、機能主義時代を経て、独特な素材の扱い方や有機的な形態、そして常に人間を中心に考えて設計を行う独自のスタイルを発展させていった。フィンランドの建築およびデザインを世界に知らしめた立役者であり、かつてのマルク紙幣の肖像画になっていたほど国民的な英雄でもある。代表作多数。

■カイヤ&ヘイッキ・シレーン
　Kaija Siren　1920-2001
　Heikki Siren　1918-2013

ともにヘルシンキ工科大学卒業（カイヤ：1948年／ヘイッキ：1946年）の建築家夫婦。1948年、事務所を設立。ヘイッキ・シレーンの父は、ヘルシンキの国会議事堂などの設計で知られる新古典主義建築家のJ・S・シレーン。代表作に、オタニエミの礼拝堂（1957年、p.96）、軽井沢に設計したセイブ・コーヒー・ハウス（1975年）など。

■ライリ&レイマ・ピエティラ
　Raili Pietilä　1926-
　Reima Pietilä　1923-93

ともにヘルシンキ工科大学卒業（ライリ：1956年／レイマ：1953年）の建築家夫婦。1958年設計のブラッセル博覧会のフィンランド館で一躍有名になる。地域や土地に根ざした、力強さと独特の有機的な形態を持つ作品が多い。代表作の一つであるオタニエミのディポリ学生会館（1966年）の設計競技では、アルヴァ・アールトが審査委員を務めていた。その他の作品に、カレヴァ教会（1966年、p.46）、タンペレ市立図書館（1986年）などがある。

■ユハ・レイヴィスカ
　Juha Leiviskä　1936-

アルヴァ・アールトの流れを引き継ぐ現代フィンランドを代表する建築家。1936年、ヘルシンキ生まれ。1963年にヘルシンキ工科大学卒業後、1964年に事務所を設立。ピアニストでもあることから、「光と音の建築家」とも称されている。代表作に、ミュールマキ教会（1984年）、ヴァッリラ図書館（1991年、p.102）、マンニスト教会（1992年、p.70）、在ヘルシンキ・ドイツ大使館（1993年）、グッドシェパード教会（2004年）など。

■ラッシラ・ヒルヴィランミ・アーキテクツ
　Lassila Hirvilammi Architects

1973年にフィンランド中部の主要都市セイナヨキの東約70kmの街ソイニに生まれたアンシ・ラッシラ（Anssi Lassila）と、1974年にセイナヨキに生まれたテーム・ヒルヴィランミ（Teemu Hirvilammi）が、2004年にセイナヨキに設立した事務所。ともにオウル大学建築学部を卒業（ラッシラ：2002年／ヒルヴィランミ：2011年）。カルサマキ教会（2004年）、クオッカラ教会（2008年、p.112）など、教会建築を数多く手がけている。2014年にヒルヴィランミが事務所を離れ、自身の設計事務所を開設。ラッシラは事務所名をOOPEAAに改名して活動を続けている。

■マッティ・サナクセンアホ
　Matti Sanaksenaho　1966-

1966年、トゥルク生まれ。ヘルシンキ工科大学で建築を学び、1991年に事務所を設立。1992年のセビリア万国博覧会におけるフィンランド館の設計で注目を集める。代表作に、ヴァーサ大学学生寮（1999年）、デザイナー・ショップ（2000年）、聖ヘンリ・エキュメニカル礼拝堂（2005年、p.100）など。

NORWAY

■スヴェレ・フェーン
　Sverre Fehn　1924-2009

ノルウェー建築界の巨匠。1924年、ノルウェー南部の街コングスベアに生まれる。1949年、オスロ建築大学卒業。パリのジャン・プルーヴェのスタジオに2年間勤務した後、1954年に事務所を設立。「建築は、周囲の環境をより美しく見せるものでなくてはならない」という信念のもと、大自然の中に建つ作品を数多く設計しており、詩情に富む作風が特徴。代表作に、ベネチアビエンナーレのノルディックパビリオン（1962年）、ヘドマルク博物館（1979年、p.94）、氷河博物館（1991年）、国立建築博物館（2008年）など。

■イェンセン&スコドヴィン設計事務所
　Jensen and Skodvin Arkitektkontor

1959年オスロ生まれのヤン・オラフ・イェンセン（Jan Olav Jensen）と1960年生まれのボル・スコドヴィン（Børre Skodvin）が、1995年に共同設立した設計事務所。ともに1985年にオスロ建築大学を卒業。代表作に、モルテンスルッド教会（2002年、p.110）、タウトラ・マリア修道院（2006年、p.40、118）、グドブランスユーヴェ・ランドスケープホテル（2009年）など。

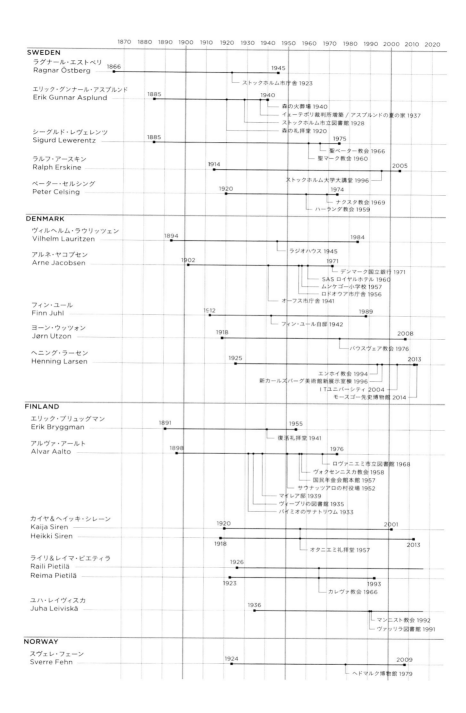

事例・所在地リスト
Examples and Map

本書に掲載した事例を国・都市別に列挙し、名称 / 設計者 / 竣工年 / 所在地と掲載文献を記す。
・[ ]：参考文献（p.236-238）の文献番号に対応

SWEDEN

01　ストックホルム市庁舎 / ラグナール・エストベリ / 1923 / ストックホルム　→ p.10
　　 Stockholm City Hall / Ragnar Östberg / Hantverkargatan 1, 111 52 Stockholm
　　 [01] [02] [05] [06] [07] [08] [09] [10] [17] [18]

02　ストックホルム市立図書館 / エリック・グンナー・アスプルンド / 1928 / ストックホルム　→ p.14
　　 Stockholm City Library / Erik Gunnar Asplund / Sveavägen 73, 113 50 Stockholm
　　 [01] [02] [05] [06] [07] [08] [09] [10] [19] [20] [21] [22] [23] [80] [81] [82]

03　ストックホルム大学 大講堂 / ラルフ・アースキン / 1996 / ストックホルム　→ p.52
　　 Lecture Hall, Stockholm University / Ralph Erskine / Universitetsvägen 10, 114 18 Stockholm
　　 [06] [07] [08] [10] [31] [32]

04　セルゲル広場 / ダーヴィド・ヘルデン / 1960 / ストックホルム　→ p.214
　　 Sergel's Square / David Hellden / 111 57 Stockholm
　　 [93]

05　森の礼拝堂 / エリック・グンナール・アスプルンド / 1920 / ストックホルム　→ p.194
　　 The Woodland Chapel / Erik Gunnar Asplund / Stockholm Sockenvägen, 122 33 Stockholm
　　 [01] [02] [05] [06] [07] [08] [09] [10] [19] [20] [21] [22] [23] [64] [81] [84] [91]

06　森の火葬場 / エリック・グンナール・アスプルンド / 1940 / ストックホルム　→ p.194
　　 The Woodland Cemetery / Erik Gunnar Asplund / Stockholm Sockenvägen, 122 33 Stockholm
　　 [01] [02] [05] [06] [07] [08] [09] [10] [19] [20] [21] [22] [23] [64] [81] [84] [91]

07　聖マーク教会 / シーグルド・レヴェレンツ / 1960 / ストックホルム　→ p.86
　　 St. Mark's Church / Sigurd Lewerentz / Malmövägen 51, 121 53 Johanneshov, Stockholm
　　 [06] [07] [08] [09] [10] [25] [83]

08　ミレスガーデンギャラリー / ヨハン・セルシング / 1999 / ストックホルム　→ p.48
　　 Millesgården Museum Art Gallery / Johan Celsing / Herserudsvägen 32, 181 34 Lidingö
　　 [07] [10] [AU.2000.08]

09　テルス保育園 / タム＆ヴィーデゴー設計事務所 / 2010 / ストックホルム　→ p.76
　　 Tellus Nursery School / Tham and Videgård Arkitekter / Telefonplan, 8306 097 Stockholm
　　 [33]

10　アスプルンドの夏の家 / エリック・グンナール・アスプルンド / 1937 / ソールンダ　→ p.130、178、194、196、218
　　 Asplund's Summer House / Erik Gunnar Asplund / Hästnäsvägen 55, 14897 Sorunda
　　 [02] [10] [19] [21] [22] [23] [91]

11　イェーテボリ裁判所増築 / エリック・グンナール・アスプルンド / 1937 / イェーテボリ　→ p.108、152、168
　　 Göteborg Law Courts / Erik Gunnar Asplund / Torggatan, 411 10 Göteborg
　　 [01] [02] [05] [07] [08] [09] [10] [19] [20] [21] [22] [23] [24] [80] [81]

12　ハーランダ教会 / ペーター・セルシング / 1959 / イェーテボリ　→ p.186
　　 Härlanda Church / Peter Celsing / Härlandavägen 23, 416 72 Göteborg
　　 [07] [09] [10] [29] [30] [81] [82]

13　聖ペーター教会 / シーグルド・レヴェレンツ / 1966 / クリッパン　→ p.132
　　 St. Peter's Church / Sigurd Lewerentz / Vedbyvägen, 264 21 Klippan
　　 [07] [08] [09] [10] [25] [26] [28] [81] [82] [83]

14　ナクスタ教会 / ペーター・セルシング / 1969 / スンスヴァル　→ p.134
　　 Nacksta Church / Peter Celsing / Vinkeltået 16, 85353 Sundsvall
　　 [10] [29] [30]

DENMARK

01   コペンハーゲン中央駅 / ハインリッヒ・ヴェンク / 1911 / コペンハーゲン　→ p.106
     Copenhagen Central Station / Heinrich Wenck / Bernstorffsgade 16-22, 1577 Copenhagen V
     [03] [07] [08] [11]

02.1 新カールズバーグ美術館 / ヴィルヘルム・ダレロップ、ハック・カンプマン / 1892、1906 / コペンハーゲン　→ p.54
     Ny Carlsberg Glyptotek / Vilhelm Dahlerup, Hack Kampmann / Dantes Plads 7, 1556 Copenhagen V
     [11]

02.2 新カールズバーグ美術館 新展示室棟 / ヘニング・ラーセン / 1996 / コペンハーゲン　→ p.174
     New Building in the Conservator's Court, Ny Carlsberg Glyptotek / Henning Larsen/Dantes Plads 7, 1556 Copenhagen V
     [02] [07] [08] [43] [82] [AU.1997.08]

03   SAS ロイヤルホテル / アルネ・ヤコブセン / 1960 / コペンハーゲン　→ p.160
     SAS Royal Hotel / Arne Jacobsen / Hammerichsgade 1, 1611 Copenhagen K
     [02] [03] [05] [08] [09] [11] [34] [35] [36] [37] [91]

04   デンマーク国立銀行 / アルネ・ヤコブセン / 1971 / コペンハーゲン　→ p.150、184、210
     Denmarks Nationalbank / Arne Jacobsen / Havnegade 5, 1093 Copenhagen K
     [07] [08] [12] [34] [35] [36] [38] [82] [91] [DK.1972.04] [DK.1980.02]

05   ラジオハウス / ヴィルヘルム・ラウリッツェン / 1945 / コペンハーゲン　→ p.182
     Radio House / Vilhelm Lauritzen / Rosenørns Alle 22, 1970 Frederiksberg C, Copenhagen
     [07] [08] [11]

06   トーヴァルセン彫刻美術館 / ミカエル・ゴットリブ・ビネスベル / 1848 / コペンハーゲン　→ p.62
     Thorvaldsens Museum / Michael Gottlieb Bindesbøll / Bertel Thorvaldsens Plads 2, 1213 Copenhagen K
     [11] [46]

07   コペンハーゲン大学図書館 / J・D・ヘアホルト / 1861 / コペンハーゲン　→ p.142
     Copenhagen Unieversity Library / J.D.Herholdt / Fiolstræde 1, 1171 Copenhagen K
     [11]

08   ヴァレンシア弁護士協会 / ドーテ・マンドロップ設計事務所 / 2014 / コペンハーゲン　→ p.66
     Valencia / Dorte Mandrup Arkitekter / Vesterbrogade 32,1620 Copenhagen V
     [94]

09   クロイヤー広場の集合住宅 / ヴィルヘルム・ラウリッツェン設計事務所＋コーべ / 2015 / コペンハーゲン　→ p.122
     Krøyers Plads Housing / Vilhelm Lauritzen Arkitekter + COBE / Strandgade 85, 1401 Copenhagen K
     [13]

10   ニューハウン / コペンハーゲン　→ p.58
     Nyhavn/Nyhavn 1F, 1051 Copenhagen K
     [02] [03] [95]

11   コンゲンス・ニュートー広場メトロ駅 / KHR 設計事務所 / 2002 / コペンハーゲン　→ p.56
     Kongens Nytorv Metro Station / KHR Arcitects / Kongens Nytorv 11,1050 Copenhagen K
     [96]

12   VM マウンテン / ビャーケ・インゲルス・グループ（BIG）/ 2008 / コペンハーゲン　→ p.206
     VM Mountain / Bjarke Ingels Group (BIG) / Ørestads Boulevard 55, 2300 Copenhagen S
     [13] [97]

13   オーアスタッド集合住宅 / ルンゴー＆トランベア設計事務所 / 2007 / コペンハーゲン　→ p.144
     Ørestadshuset / Lundgaard and Tranberg Arkitekter / C. F. Møllers Allé 56, 2300 Copenhagen S
     [98]

14   IT ユニバーシティ / ヘニング・ラーセン / 2004 / コペンハーゲン　→ p.146
     IT University / Henning Larsen / Rued Langgaards Vej 7 2300 Copenhagen S
     [82] [99]

15   オーアスタッド・プライエセンター /JJW 設計事務所 / 2012 / コペンハーゲン　→ p.146
     Ørestad Plejecenter / JJW ARKITEKTER / Asger Jorns Allé 5, 2300 Copenhagen S
     [49] [50] [100]

16   ティトゲン学生寮 / ルンゴー＆トランベア設計事務所 / 2006 / コペンハーゲン　→ p.146
     Tietgenkollegiet / Lundgaard and Tranberg Arkitekter / Rued Langgaards Vej 10, 2300 Copenhagen S
     [13] [101] [AU.2009.10]

17　バウスヴェア教会 / ヨーン・ウッツォン / 1976 / バウスヴェア（コペンハーゲン近郊）　→ p.84
　　Bagsværd Church / Jørn Utzon / Taxvej 14-16, 2880 Bagsværd (near Copenhagen)
　　[03] [07] [08] [09] [12] [42] [80] [81] [82] [83] [85] [DK.1992.3]

18　ロドオウア市庁舎 / アルネ・ヤコブセン / 1956 / ロドオウア（コペンハーゲン近郊）　→ p.166
　　Rødovre City Hall / Arne Jacobsen / Rødovre Parkvej 150, 2610 Rødovre (near Copenhagen)
　　[08] [09] [34] [35] [36] [37] [82]

19　ムンケゴー小学校 / アルネ・ヤコブセン / 1957 / ディッセゴー（コペンハーゲン近郊）　→ p.74、170
　　Munkegård Elementary School / Arne Jacobsen / Vangedevej 178, 2870 Dyssegård (near Copenhagen)
　　[08] [34] [35] [36] [37]

20　ガンメル・ヘレルプ高等学校体育館 / ビャーケ・インゲルス・グループ（BIG）/ 2010 / ヘレルプ（コペンハーゲン近郊）　→ p.88
　　Gammel Hellerup Gymnasium / Bjarke Ingels Group (BIG) / Svanemøllevej 87, 2900 Hel erup (near Copenhagen)
　　[48] [AU.2016.05]

21　ルイジアナ近代美術館 / ヨーゲン・ボ、ヴィルヘルム・ヴォラート / 1958-91 / フムレベック（コペンハーゲン近郊）　→ p.138、172
　　Louisiana Museum of Modern Art / Jørgen Bo and Vilhelm Wohlert / Gl Strandvej 13, 3050 Humlebæk (near Copenhagen)
　　[03] [05] [07] [08] [09] [11] [44] [45] [81] [82] [DK.1958.05] [SD.1981.10]

22　フィン・ユール自邸 / フィン・ユール / 1942、1968 / クランペンボー　→ p.154、180
　　Finn Juhl's House / Finn Juhl / Kratvænget 15, 2920 Charlottenlund
　　[39] [40] [41]

23　オーフス市庁舎 / アルネ・ヤコブセン、エリック・メラー / 1941 / オーフス　→ p.18、148、162
　　Aarhus City Hall / Arne Jacobsen, Erik Møller / Sønder Allé 2, 8000 Aarhus C
　　[02] [03] [05] [07] [08] [09] [11] [34] [35] [36] [81] [82]

24　オーフス大学 メインホール / C・F・メラー、カイ・フィスカー、パウル・ステーグマン / 1943 / オーフス　→ p.204
　　Main Hall, Aarhus University / C.F.Møller, Kay Fisker, Povl Stegmann / Nordre Ringgade 1, 8000 Aarhus C
　　[09] [11]

25　アロス・オーフス現代美術館 円環展望台 / オラファー・エリアソン / 2011 / オーフス　→ p.64
　　Your Rainbow Panorama, ARoS Aarhus Art Museum / Olafur Eliasson / Aros Allé 2, 8000 Aarhus C
　　[47]

26　モースゴー先史博物館 / ヘニング・ラーセン設計事務所 / 2014 / ホイビヤ（オーフス近郊）　→ p.208
　　Moesgård Museum / Henning Larsen Architects / Moesgård Allé 15, 8270 Højbjerg (near Aarhus)
　　[102]

27　アントヴォスコウ教会 / ラインブーエン設計事務所 / 2005 / スラーエルセ　→ p.68
　　Antvorskov Church / Regnbuen Arkitekter / Agersøvej 86B, 4200 Slagelse
　　[82]

28　エンホイ教会 / ヘニング・ラーセン / 1994 / ラナース　→ p.32
　　Enghøj Church / Henning Larsen / Enghøj Alle 10, 8920 Randers
　　[07] [12] [43] [82] [85]

29　北ユトランド美術館 / アルヴァ・アールト / 1972 / オールボー　→ p.26
　　North Jutland Art Museum / Alvar Aalto / Kong Christians Alle 50, 9000 Aalborg
　　[03] [07] [08] [12] [51] [52] [53] [79] [81] [82]

30　ボーンホルム美術館 / フォー＆フルナー / 2003 / ボーンホルム島　→ p.140、216
　　Bornholm Art Museum / Fogh & Følner / Otto Bruuns Pl. 1, Rø, 3760 Gudhjem
　　[07] [12] [DK.1994.03]

FINLAND

01　アカデミア書店 / アルヴァ・アールト / 1959 / ヘルシンキ　→ p.22
　　Academic Bookshop / Alvar Aalto / Pohjoisesplanadi 39, 00101 Helsinki
　　[07] [08] [51] [52] [78] [79] [82] [91]

02　ラウタ・タロ / アルヴァ・アールト / 1955 / ヘルシンキ　→ p.220
　　Rautatalo / Alvar Aalto / Keskuskatu 3a, 00101 Helsinki
　　[07] [15] [51] [52] [53] [61] [78] [79]

03　エンソ・グートツァイト本社ビル / アルヴァ・アールト / 1962 / ヘルシンキ　→ p.60
　　Enso-Gutzeit Co. Headquarters / Alvar Aalto / Katajanokanlaituri 1, 00160 Helsinki
　　[51] [52] [61] [79]

04　国民年金会館本館 / アルヴァ・アールト / 1957 / ヘルシンキ　→ p.22
　　Social Insurance Institution Main Building / Alvar Aalto / Nordenskiöldinkatu 12, 00101 Helsinki
　　[07] [09] [15] [51] [52] [53] [55] [61] [78] [79] [81] [82] [91]

05　アールトハウス / アルヴァ・アールト / 1936 / ヘルシンキ　→ p.212
　　Aalto House in Munkkiniemi / Alvar Aalto / Riihitie 20, 00330 Helsinki
　　[07] [08] [51] [52] [53] [54] [78] [79]

06　アールトスタジオ / アルヴァ・アールト / 1956, 1963 / ヘルシンキ　→ p.60
　　Alvar Aalto's Studio in Munkkiniemi / Alvar Aalto / Tiilimäki 20, 00330 Helsinki
　　[07] [08] [51] [52] [53] [61] [78] [79]

07　テンペリアウキオ教会 / ティモ＆トゥオモ・スオマライネン / 1969 / ヘルシンキ　→ p.36
　　Temppeliaukio Church / Timo and Tuomo Suomalainen / Lutherinkatu 3, 00101 Helsinki
　　[07] [08] [15] [78] [81] [82] [83] [88] [AA.1970.04]

08　ヴァッリラ図書館 / ユハ・レイヴィスカ / 1991 / ヘルシンキ　→ p.102
　　Vallila Library / Juha Leiviskä / Päijänteentie 5, 00550 Helsinki
　　[07] [70] [71] [72] [73] [82]

09　オタニエミ礼拝堂 / カイヤ＆ヘイッキ・シレーン / 1957 / エスポー（ヘルシンキ近郊）→ p.96
　　Otaniemi Chapel / Kaija and Heikki Siren / Jämeräntaival 8 A, 02150 Espoo (near Helsinki)
　　[05] [07] [08] [09] [15] [67] [68] [78] [81] [82] [83] [88] [AU.1954.05]

10　コッコネン邸 / アルヴァ・アールト / 1969 / ヤルヴェンパー　→ p.220
　　Villa Kokkonen / Alvar Aalto / Tuulimyllyntie 5, 04400 Järvenpää
　　[51] [52] [54]

11　復活礼拝堂 / エリック・ブリュッグマン / 1941 / トゥルク　→ p.114
　　Resurrection Chapel / Erik Bryggman / Hautausmaantie 21, 20720 Turku
　　[05] [07] [08] [09] [14] [15] [65] [66] [78] [81] [82] [84] [87] [88] [AA.1942.07, 1942.08, 1984.07]

12　聖ヘンリ・エキュメニカル礼拝堂 / マッティ・サナクセンアホ / 2005 / トゥルク　→ p.100
　　St. Henry's Ecumenical Art Chapel / Matti Sanaksenaho / Seiskarinkatu 35, 20900 Turku
　　[78] [82] [86] [88] [FA.2006.0405] [AU.2006.08]

13　シベリウス博物館 / ヴォルデマール・ベックマン / 1968 / トゥルク　→ p.92
　　Sibelius Museum / Woldemar Baeckman / Piispankatu 17, 20500 Turku
　　[14] [78]

14　パイミオのサナトリウム / アルヴァ・アールト / 1933 / パイミオ（トゥルク近郊）→ p.72、128
　　Paimio Sanatorium / Alvar Aalto / Alvar Aallontie 275, 21540 Paimio (near Turku)
　　[14] [15] [51] [52] [53] [61] [64] [79] [82] [91]

15　カレヴァ教会 / ライリ＆レイマ・ピエティラ / 1966 / タンペレ　→ p.46
　　Kaleva Church / Raili and Reima Pietilä / Liisanpuisto 1, 33540 Tampere
　　[05] [07] [08] [09] [14] [15] [69] [78] [81] [82] [83] [88] [AA.1959.09]

16　アウレヤルヴィの木造教会 / オイヴァ・カッリオ / 1924 / クレ（タンペレ近郊）→ p.104
　　Aurejärvi Wooden Church / Oiva Kallio / Itä-Aureentie 1020, 34550 Itä-Aure Ylöjärvi (near Tampere)
　　[14] [78] [89] [90]

17　サウナッツァロの村役場 / アルヴァ・アールト / 1952 / ユヴァスキュラ　→ p.176、192、212、220
　　Säynätsalo Town Hall / Alvar Aalto / Parviaisentie 9, 40900 Jyväskylä
　　[02] [07] [08] [09] [15] [51] [52] [53] [60] [61] [63] [78] [79] [81] [82] [91]

18.1　ムーラッツァロの実験住宅 / アルヴァ・アールト / 1953 / ユヴァスキュラ　→ p.120
　　Experimental House in Muuratsalo / Alvar Aalto / Melalammentie 2, Muuratsalo 40900 Jyväskylä
　　[07] [08] [09] [14] [51] [52] [53] [54] [58] [59] [61] [79] [91]

18.2　ムーラッツァロの実験住宅 スモークサウナ / アルヴァ・アールト / 1955 / ユヴァスキュラ　→ p.200
　　Smoke Sauna for Experimental House in Muuratsalo / Alvar Aalto / Melalammentie 2, Muuratsalo 40900 Jyväskylä
　　[07] [08] [09] [14] [51] [52] [53] [54] [58] [59] [61] [79] [91]

19　クオッカラ教会 / ラッシラ・ヒルヴィランミ・アーキテクツ / 2008 / ユヴァスキュラ　→ p.112
　　Kuokkala Church / Lassila Hirvilammi Architects / Syöttäjänkatu 4, 40520 Jyväskylä
　　[87] [AU.2011.07] [AA.2010.04]

20　セイナヨキの教会 / アルヴァ・アールト / 1960 / セイナヨキ　→ p.60
　　Seinäjoki Church / Alvar Aalto / Koulukatu 24, 60100 Seinäjoki
　　[07] [08] [09] [14] [51] [52] [53] [61] [78] [79] [80] [82]

21　セイナヨキ市立図書館 / アルヴァ・アールト / 1965 / セイナヨキ　→ p.26
　　Seinäjoki City Library / Alvar Aalto / Alvar Aallon katu 14, 60100 Seinäjoki
　　[07] [14] [51] [52] [61] [78] [79]

22　マイレア邸 / アルヴァ・アールト / 1939 / ノールマルック　→ p.158、192、198、212、218、220
　　Villa Mairea / Alvar Aalto / Pikkukoivukuja 20, 29600 Noormarkku
　　[02] [05] [07] [08] [09] [14] [15] [51] [52] [53] [54] [57] [61] [64] [79] [81] [82]

23　マンニスト教会 / ユハ・レイヴィスカ、マルック・パーッコネン / 1992 / クオピオ　→ p.70
　　Mänistö Church / Juha Leiviskä, Markku Pääkkönen / Kellolahdentie 8, 70460 Kuopio
　　[07] [14] [15] [70] [71] [72] [73] [74] [82] [88]

24　ロヴァニエミ市立図書館 / アルヴァ・アールト / 1968 / ロヴァニエミ　→ p.26
　　Rovaniemi City Library / Alvar Aalto / Jorma Eton tie 6, 96100 Rovaniemi
　　[02] [05] [07] [08] [09] [14] [51] [52] [78] [79]

25　ヴォクセンニスカ教会 / アルヴァ・アールト / 1958 / イマトラ　→ p.192
　　Vuoksenniska Church / Alvar Aalto / Ruokolahdentie 27, 55800 Imatra
　　[02] [05] [07] [08] [09] [14] [15] [51] [52] [53] [61] [78] [79] [80] [81] [82] [83] [85] [88]

26　ヴィーブリの図書館 / アルヴァ・アールト / 1935 / ヴィーブリ、ロシア（元フィンランド）　→ p.80、136
　　Viipuri Library / Alvar Aalto / pr. Suvorova, 4, Vyborg, Leningradskaya oblast', Russia (formerly, Finland)
　　[09] [15] [51] [52] [53] [56] [61] [64] [79] [91]

NORWAY

01　オスロのオペラハウス / スノーヘッタ / 2007 / オスロ　→ p.124
　　Oslo Opera House / Snohetta / Kirsten Flagstads Plass 1, 0150 Oslo
　　[07] [16] [AU.2008.09]

02　モルテンスルッド教会 / イェンセン＆スコドヴィン設計事務所 / 2002 / オスロ　→ p.110
　　Mortensrud Church / Jensen and Skodvin Arkitektkontor / Helga Vaneks Vei 15, 1281 Oslo
　　[04] [08] [83] [86] [AU.2002.08]

03　ヘドマルク博物館 / スヴェレ・フェーン / 1979 / ハマー　→ p.94
　　Hedmark Museum / Sverre Fehn / Strandveien 100, 2315 Hamar
　　[04] [07] [08] [09] [75] [76] [77] [81] [82]

04　タウトラ・マリア修道院 / イェンセン＆スコドヴィン設計事務所 / 2006 / タウトラ島　→ p.40、118
　　Tautra Mariakloster / Jensen and Skodvin Arkitektkontor / Tautra Mariakloster, 7633 Frosta
　　[16] [86] [DT.2008.11]

05　北極教会 / ヤン・インゲ・ホービ / 1965 / トロムソ　→ p.94
　　Arctic Cathedral / Jan Inge Hovig / Hans Nilsens vei 41, 9020 Tromsdalen
　　[08] [103] [104]

参考文献
References

■北欧の建築・デザイン

［01］ 北欧の建築、ステーン・エイラル・ラスムッセン、吉田鉄郎（訳）、鹿島出版会、1978

［02］ 図説　北欧の建築遺産、伊藤大介、河出書房新社、2010

［03］ デンマーク デザインの国―豊かな暮らしを創る人と造形、島崎信、学芸出版社、2003

［04］ ノルウェーのデザイン―美しい風土と優れた家具・インテリア・グラフィックデザイン、島崎信、誠文堂新光社、2007

［05］ 北欧インテリア・デザイン、島崎信、柏木博、伊藤大介ほか、平凡社、2004

［06］ ストックホルムの建築（建築巡礼）、小川信子、外山義、丸善、1991

［07］ ヨーロッパ建築案内〈3〉、淵上正幸、TOTO出版、2001

［08］ 世界の建築・街並みガイド 2　イギリス / アイルランド / 北欧 4 国、渡邊研司（編）、松本淳（編）、北川卓（編）、エクスナレッジ、2003

［09］ Nordic Architecture, Nils-Ole Lund, Arkitektens Forlag, 2008

［10］ A guide to Swedish architecture, The Swedish Institute, 2001

［11］ Guide to Danish Architecture 1000-1960, Jergen Sestoft, Jørgen Hegner Christiansen, Arkitektens Forlag, 1991

［12］ Guide to Danish Architecture 1960-1995, Kim Dirkinck-Holmfeld, Arkitektens Forlag, 1995

［13］ GUIDE TO NEW ARCHITECTURE IN COPENHAGEN, Danish Architecture Center, 2015

［14］ A Guide to Finnish Architecture, Jouni Kaipia, Lauri Putkonen, Otava, 1997

［15］ 20th-Century Architecture Finland, Marja-Riitta Norri, Elina Standertskjöld, Wilfried Wang, Museum of Finnish Architecture, 2000

［16］ Made in Norway: Norwegian Architecture Today, Ingerid Helsing Almaas (editor), Birkhäuser, 2010

■個別の建築家あるいは建築

SWEDEN

［17］ ラグナル・エストベリ―スウェーデンの建築家、エリアス・コーネル、宗幸彦（訳）、相模書房、1984

［18］ SECRETS OF THE WALL: A guide to Stockholm City Hall, Rikard Larsson, BOKFÖRLAGET LANGENSKIÖLD in association with History of Architecture, Royal Institute of Art, KKH, 2011

［19］ アスプルンドの建築―北欧近代建築の黎明、スチュアート・レーデ、樋口清（訳）、武藤章（訳）、鹿島出版会、1982

［20］ E.G. アスプルンド（現代の建築家）、E・G・アスプルンド、鹿島出版会、1983

［21］ アスプルンドの建築　1885-1940、川島洋一、吉村行雄（写真）、TOTO出版、2005

［22］ 特集：グンナール・アスプルンド、SD、1982年10月号、鹿島出版会

［23］ ASPLUND, Claes Caldenby, Olof Hultin, Gingko Press, 1997

［24］ Gunnar Asplund's Gothenburg: The Transformation of Public Architecture in Interwar Europe, Nicholas Adams, Penn State University Press, 2014

［25］ Sigurd Lewerenttz 1885-1975 (Electa architecture), Nicola flora, Phaidon Press, 2002

［26］ St. Petri: Klippan 1962-66 (O'Neil Ford Monograph), Sigurd Lewerentz, Ernst Wasmuth Verlag, 2009

［27］ シーグルド・レヴェレンツ ドローイングコレクション 1、a+u 臨時増刊号、2016年1月号、エー・アンド・ユー

［28］ シーグルド・レヴェレンツ ドローイングコレクション 2、a+u 臨時増刊号、2016年4月号、エー・アンド・ユー

［29］ PETER SELCING: The Façade is the Meeting between Outside and inside (Five Masters of the North), Museum of Finnish Architecture, 1992

［30］ The Architecture of Peter Celsing, Wilfried Wang, Arvinius Forlag, 1997

［31］ ラルフ・アースキンの建築―人間性の追求、ピーター・コリーモア、北尾靖雅（訳）、玉田浩之（訳）、鹿島出版会、2008

［32］ 特集：ラルフ・アースキン、a+u、2005年3月号、エー・アンド・ユー

［33］ Out of the Real: Tham & Videgård Arkitekter, Johan Linton (editor), Åke E:son Lindman (photographer), Birkhäuser, 2011

DENMARK

[34] ヤコブセンの建築とデザイン、鈴木敏彦、吉村行雄（写真）、TOTO出版、2014

[35] アルネ・ヤコブセン—時代を超えた造形美、和田菜穂子、学芸出版社、2010

[36] Arne Jacobsen: Public Buildings (2G Books), Felix Solaguren-Beascoa, Gustavo Gili, 2005

[37] Room 606: The SAS House and the Work of Arne Jacobsen, Michael Sheridan, 2003

[38] Danmarks Nationalbank パンフレット

[39] フィン・ユールの世界—北欧デザインの巨匠、織田憲嗣、平凡社、2012

[40] 建築家フィン・ユール、吉田桃子、東海大学大学院芸術工学研究科生活デザイン専攻 平成20年度修士論文（研究指導教員：大野仰一教授）、2009

[41] Finn Juhl and His House, Per Hansen, Birgit Pedersen, Finn Juhl, Hatje Cantz Pub., 2014

[42] Jorn Utzon: Drawings and Buildings, Michael Asgaard, Andersen, Princeton Architectural Press, 2013

[43] Henning Larsen: The Architect's Studio, Kjeld Vindum, Louisiana, 2002

[44] Louisiana and Beyond The Work of Vilhelm Wohlert, John Pardey, Edition Bløndal, 2007

[45] Jørgen Bo & Vilhelm Wohlert: Louisiana Museum, Humlebaek, Michael Brawne, Jens Frederiksen (Photographer), Jørgen Bo (Contributor), Vilhelm Wohlert (Contributor), Ernst Wasmuth Verlag, 1993

[46] Thorvaldsen's Museum: Architecture, Colours, Light, Bente Lange, Danish Architectural Press, 2002

[47] The ARoS Rainbow Panorama — Curved Glass as a Load Bearing Element, Switbert Greiner, Conference on Architectural and Structural Applications of Glass, Bos, Louter, Veer (Editor), TU Delft, May 2010

[48] BIG RECENT PROJECT　BIG 最新プロジェクト、Bjarke Ingels Group、二川幸夫、ADAエディタトーキョー、2012

[49] Ørestad Plejecenter パンフレット

[50] 特集：あったんです。夢の施設、理想の家。、孫の力〈29〉、2016年5月号、木楽舎

FINLAND

[51] ALVAR AALTO: The Complete Work, Birkhäuser, 1963, 1971

[52] Alvar Aalto: The Complete Catalogue of Architecture, Design & Art (World cities series), Göran Schildt, Wiley, 1978

[53] アルヴァー・アールト 1898-1976、セゾン美術館・デルファイ研究所（編）、デルファイ研究所、1998

[54] アルヴァー・アールトの住宅、ヤリ・イェッツォネン、シルッカリーサ・イェッツォネン、大久保慈（訳）、2013

[55] ELEVATING THE EVERYDAY: The Social Insurance Institution Headquaters designed by Alvar Aalto its 50th anniversary, The Social Insurance Institution of Finland, Helsinki, 2007

[56] Alvar Aalto Library in Vyborg: Saving a Modern Masterpiece, Finnish Committee for the Restoratio, Rakennustieto Oy, 2010

[57] VILLA MAIREA NOORMARKKU, Architecture by Alvar Aalto no.5, Alvar Aalto Foundation, 2002

[58] THE EXPERIMENTAL HOUSE MUURATSALO, Architecture by Alvar Aalto no.9, Alvar Aalto Foundation, 1996

[59] Alvar Aalto Summer Homes, Erkki Helamaa, Jari Jetsonen, Rakennustieto Publishing, 2007

[60] セイナツァロの役場（architecture in Detail）、リチャード・ウェストン、シモ・リスタ（写真）、リリーフ・システムズ（訳）、同朋舎出版、1994

[61] アルヴァ・アアルト、武藤章、鹿島出版会、1969

[62] アルヴァー・アールト　エッセイとスケッチ、ヨーラン・シルツ（編）、吉崎恵子（訳）、鹿島出版会、1981

[63] フィンランド建築に見る日本　アルヴァー・アールトとフィンランド合理主義への日本の影響、ユハニ・パラスマー、建築文化、1998年10月号、彰国社

[64] 巨匠たちのディテール〈Vol.2〉1928-1988、エドワード・R・フォード、八木幸二（訳）、丸善、1999

[65] ERIK BRYGGMAN, Architect 1891-1955, Riitta Nikula (editor), Museum of Finnish Architecture, 1991

[66] 特集：北欧モダンの恒星　エリック・ブリュッグマンの建築、SD、1999年12月号、鹿島出版会

[67] Kaija+Heikki Siren, Otava, 1976

[68] 特集：北欧の建築家　カイヤ＆ヘイッキ・シレン 1951-1975、SD、1975年10月号、鹿島出版会

[69] PIETILÄ: intermediate zones in modern architecture, Museum of Finnish Architecture, Alvar Aalto Museum, 1985

[70] 特集：ユハ・レイヴィスカ、a+u、1991年7月号、エー・アンド・ユー

[71] 特集：ユハ・レイヴィスカ、a+u、1995年4月号、エー・アンド・ユー

[72] Juha Leiviskä, Museum of Finnish Architecture, 1999

[73] Juha Leiviskä and the Continuity of Finnish Modern Architecture, Malcolm Quantrill, Wiley-Academy, 2001

[74] TRANSPARENT WALL: Works by Markku Pääkkönen, Alvar Aalto Academy, 2004

NORWAY

[75] 特集：スヴェレ・フェーン、a+u、1999年1月号、エー・アンド・ユー

[76] Sverre Fehn, Gennaro Postiglione, Christian Norberg-Schulz, The Monacelli Press, 1997

[77] Sverre Fehn: The Pattern of Thoughts, Per Olaf Fjeld, The Monacelli Press, 2009

■光の空間・デザイン

[78] フィンランド光の旅　北欧建築探訪、小泉隆、プチグラパブリッシング、2009

[79] アルヴァル・アールト　光と建築、小泉隆、プチグラパブリッシング、2013

[80] 光の建築を読み解く、日本建築学会（編）、彰国社、2015

[81] マスターズ・オヴ・ライト〈1〉　20世紀のパイオニアたち、ヘンリー・プラマー、エー・アンド・ユー、2003

[82] Nordic Light: Modern Scandinavian Architecture, Henry Plummer, Thames & Hudson, 2014

■教会建築

[83] Architectural Guide: Christian Sacred Buildings in Europe Since 1950, Wolfgang Jean Stock, Prestel, 2004

[84] European Church Architecture 1900-1950, Wolfgang Jean Stock, Prestel, 2006

[85] A Design Manual Sacred Buildings, Rudolf Stegers, Birkhäuser, 2008

[86] Closer to God: Religious Architecture and Sacred Spaces, Robert Klanten, Lukas Feireiss, Die Gestalten Verlag, 2010

[87] Sacred Spaces: Contemporary Religious Architecture, James Pallister, Phaidon Press, 2015

[88] Sacral Space modern Finnish churches, Jetsonen & Jetsonen, Rakennustieto, 2003

[89] フィンランドの木造教会―17、18世紀における箱柱式教会の構法と歴史、竹内晧、リトン、2010

[90] フィンランドの木造教会を訪ねて―小さな教会から世界一大きな教会へ、竹内晧、リトン、2013

■その他文献

[91] 北欧の巨匠に学ぶデザイン　アスプルンド/アールト/ヤコブセン、鈴木敏彦、杉原有紀、彰国社、2013

[92] 人間の街　公共空間のデザイン、ヤン・ゲール、北原理雄（訳）、鹿島出版会、2014

■URL

[93] https://en.wikipedia.org/wiki/Sergels_torg

[94] http://www.archdaily.com/597957/valencia-dorte-mandrup-arkitekter

[95] https://en.wikipedia.org/wiki/Nyhavn

[96] https://en.wikipedia.org/wiki/Kongens_Nytorv_Station

[97] http://www.archdaily.com.br/br/601342/mountain-dwellings-slash-big-and-jds

[98] http://www.arkitekturbilleder.dk/bygning/oerestadshuset/

[99] http://www.dac.dk/en/dac-life/copenhagen-x-galleri/cases/it-university/

[100] http://www.jjw.dk/?projekt=orestad-plejecenter

[101] http://www.archdaily.com/474237/tietgen-dormitory-lundgaard-and-tranberg-architects

[102] http://www.archdaily.com/590484/moesgaard-museum-henning-larsen-architects

[103] https://en.wikipedia.org/wiki/Arctic_Cathedral

[104] http://www.ub.uit.no/utstilling/nnark/troms/tromsdalenkirke/plan.htm

■雑誌

[DK] Arkitektur DK, Arkitektens Forlag/The Danish Architectural Press

[AA] ARK: Arkkitehti/The Finnish Architectural Review, Suomen Arkkitehtiliitto SAFA/Finnish Association of Architect

[FA] Finnish Architecture, Alvar Aalto Academy, Finnish Association of Architects, Museum of Finnish Architecture

[AU] a+u、エー・アンド・ユー

[SD] Space Design、鹿島出版会

[DT] DETAIL, Detail publishers

あとがき

　北欧の建築に魅了され、何度も現地を訪れるようになってから十数年が経つが、本書でこれまでに体験してきた北欧の建築をエレメントとディテールに焦点を当ててまとめる機会が得られたことを大変嬉しく思う。

　冒頭に記した「北欧の建築について」は、数々の作品を実際に体験していくなかで考えてきたことを整理しまとめる良い機会であった。そこにも記したが、北欧の建築には実際に体験してみなければその質の高さや豊かさがわからないものが本当に多い。本書ではその魅力をできるかぎり伝えることを心がけたつもりだが、この本をきっかけとして多くの人が現地に足を運び、北欧建築の魅力を体感していただければ本望である。そして、その体験が、建築の設計だけでなく、今後の私たちの生活をよりよくしていくことへの一助になれば、嬉しいかぎりである。

　本書で紹介した事例の写真については、一部を除いてすべて筆者が撮影したものである。写真に添えた図面は、現地で実測し作図したもの、既存の図面をトレースしたものがほとんどだが、図面が入手できなかったものについては実物や写真から推察して描いたものもあり、統一はとれていない。記載した寸法に関しても、実測値のほか、図面から換算した概算値を記している箇所もある。図面に方位の記載がない事例については、Googleマップより特定したものもある。それゆえ、厳密な図面・数値というよりも、理解を助けるための概要図・参考値として捉えていただきたい。作品名や建築家名、所在地などの日本語読みについては、現地でも役立つようにできるだけ原語の音に近づけるよう努めたが、すでに日本での表記が一般化しているものについてはそれに従うこととし、結果的にはそれらが混在する形になっている。

　本書ができあがるまでには、多くの方々にお世話になった。ルイスポールセン社の荒谷真司さん、高橋亜須未さんには、デンマークの貴重な情報を提供いただき、同行させていただいた研修ツアーで訪れた事例も本書に掲載している。また、吉田桃子さんにはフィン・ユール邸に関する大変貴重な修士論文を貸していただいた。指導教授の大野仰一先生にも御礼を申し上げたい。そして竹内晧先生からは、フィンランドの伝統的な木造教会の構法について大変有益な助言をいただいた。

　本の編集・作成にあたっては、日本語読みの監修でお世話になったリセ・スコウさんと坂根シルックさん、また限られた時間の中で数多くの作図をしてくれたnLDKの井形寛さんならびに小泉研究室生らに感謝いたします。学生たちの協力がなければこの本は完成しなかっただろう。

　学芸出版社の宮本裕美さんには、企画当初より編集、そして完成に至るまで、終始うまく進むよう導いていただいた。編集では、同社の森國洋行さんにも大変お世話になった。素敵なブックデザインを施していただいたSatis-Oneの凌俊太郎さんにも感謝します。

　そして、武蔵野美術大学名誉教授の島崎信先生からは、著書はもちろんのこと、講演会やその後の懇談の場などで、北欧建築の基盤となる考え方や貴重な情報をはじめとして本当に多くのことを学ばせていただいた。この機会に改めて感謝の意を表します。

　最後に、数々の見学調査でサポートしてもらい、刊行まで温かく見守ってくれた妻、智子にも感謝の気持ちを伝えたい。

2017年3月　小泉隆

小泉隆　Takashi Koizumi

九州産業大学建築都市工学部住居・インテリア学科教授。1964年神奈川県横須賀市生まれ。1987年東京理科大学工学部建築学科卒業、1989年同大学院修了。1989年より東京理科大学助手、1998年T DESIGN STUDIO共同設立、1999年九州産業大学工学部建築学科専任講師、2010年同大学住居・インテリア設計学科教授。2017年4月より現職。2006年度ヘルシンキ工科大学（現アールト大学）建築学科訪問研究員。
主な著書に『フィンランド　光の旅　北欧建築探訪』『アルヴァル・アールト　光と建築』（以上、プチグラパブリッシング）、日本建築学会編『光の建築を読み解く』（共著、彰国社）、『大谷採石場　不思議な地下空間』（随想舎）。

写真クレジット／photo credit
Artek：p.72 photo 3
Åke E:son Lindman, Tham & Videgård Arkitekter：p.76-77 photo 1, 2, 5
Danmarks Nationalbank：p.210-211 photo 1, 2, 4
Linda Marveng, Michael Marveng-Puckett：p.217 photo 4, 5
その他のすべての写真撮影：小泉隆　other photos by Takashi Koizumi

北欧の建築　エレメント＆ディテール

2017年5月1日　初版第1刷発行
2020年7月20日　初版第2刷発行

著者 ……………… 小泉隆
発行者 …………… 前田裕資
発行所 …………… 株式会社学芸出版社
　　　　　　　　　京都市下京区木津屋橋通西洞院東入
　　　　　　　　　電話 075-343-0811　〒600-8216

編集 ……………… 小泉隆、宮本裕美・森國洋行（学芸出版社）
作図 ……………… 井形寛（nLDK）、稲垣聖矢、古賀美南、寳部彩、
　　　　　　　　　徳永周
作図協力 ………… 平田善己、大林準輝、髙橋尚紀、平尾諒太、
　　　　　　　　　濱口奈央子、大石祐輔、中島寛子
　　　　　　　　　（以上、九州産業大学小泉隆研究室等）
日本語読み監修 … リセ・スコウ（Lise Schou）、
　　　　　　　　　坂根シルック（Sirkku Sakane）
デザイン ………… 凌俊太郎（Satis-One）
印刷・製本 ……… シナノパブリッシングプレス

©Takashi Koizumi 2017　Printed in Japan
ISBN978-4-7615-3232-1

JCOPY　〈(社)出版者著作権管理機構委託出版物〉
本書の無断複写（電子化を含む）は著作権法上での例外を除き禁じられています。複写される場合は、そのつど事前に、(社)出版者著作権管理機構（電話 03-3513-6969、FAX 03-3513-6979、e-mail: info@jcopy.or.jp）の許諾を得てください。
また本書を代行業者等の第三者に依頼してスキャンやデジタル化することは、たとえ個人や家庭内での利用でも著作権法違反です。